Frank Schallenberg

Ernstfall Kindermobbing

Das können Eltern und Schule tun

Claudius

Bibliografische Information Der Deutschen Bibliothek
Die Deutsche Bibliothek verzeichnet diese Publikation in der
Deutschen Nationalbibliografie; detaillierte bibliografische Daten
sind im Internet über ‹http://dnb.ddb.de› abrufbar.

© Claudius Verlag München 2004
Birkerstraße 22, 80636 München
www.claudius.de
Umschlaggestaltung: Werner Richter, München, unter Verwendung
eines Fotos von Ute Grabowsky/SV-Bilderdienst
Satz: UMP Utesch Media Processing GmbH, Hamburg
Druck: Kösel, Krugzell

ISBN: 3-532-64200-X

Inhalt

Vorwort

Liebe Leserinnen und Leser,

das Phänomen Mobbing unter Kindern und Jugendlichen nimmt zu. Dieser Ratgeber informiert Sie grundlegend über Zusammenhänge und Abläufe und zeigt die „Alltäglichkeit" dieses Phänomens sowie die damit verbundenen Gefahren für das Aufwachsen von Kindern und Jugendlichen. Zugleich ist es auch Ziel dieses Ratgebers, Ihre Ängste bezüglich des Themas abzubauen und Sie zu motivieren, sich aktiv mit Mobbing unter Kindern und Jugendlichen zu beschäftigen. Denn nur durch einen offenen Zugang zum Thema sind Sie gefestigt in Ihrer Rolle. So können Sie in akuten Situationen adäquat reagieren und fühlen sich gut vorbereitet, um Ihr Kind schon vorab schützen zu können.

Darüber hinaus bietet der Ratgeber Unterstützung in konkreten Krisensituationen. Um dies zu erreichen, sind die grundlegenden Erkenntnisse durch die Darstellung von Fallbeispielen ergänzt. Alle Fallbeispiele sind authentisch, handeln von realen Personen und geben tatsächliche Vorgänge wieder. Zum Schutz der wirklichen Personen sind die Namen geändert. Spezielle Elterntipps am Ende der Fallbeispiele verdeutlichen zudem die Möglichkeiten richtigen Handelns. Hierdurch ist es Ihnen als Leser/in möglich, sich in die Umstände rund um Mobbing bei Kindern und Jugendlichen authentisch einzufühlen.

Der gesellschaftliche Bedeutungsverlust von Werten wie Akzeptanz und Toleranz, aber auch die Abnahme des sozialen

Miteinanders bei Erwachsenen, Kindern und Jugendlichen begünstigen den zunehmenden Anstieg des Phänomens Mobbing. Es muss für uns alle mehr als bedenklich sein, dass Begriffe wie „Respekt" und „Gemeinschaft" in der heutigen Zeit zunehmend in Vergessenheit geraten. Dieses Buch soll einen Beitrag dazu leisten, Eskalationen zu vermeiden und stattdessen die Situation unter Kindern und Jugendlichen in Zukunft wieder zu verbessern.

München, im August 2004
Frank Schallenberg

Ihr Interesse ist gefordert!

„Mobbing" – das ist ein allgegenwärtiges Schlagwort. Es bezeichnet ein Problem, mit dem sich sehr viele von uns im Alltag konfrontiert sehen. Im Allgemeinen geht es dabei um eine Vielfalt perfider Schikanen im Arbeitsleben, hinter denen die Absicht steht, die Mobbingopfer – Kollegen oder Mitarbeiter – von ihrem Platz zu verdrängen. Diese Art von Mobbing ist als Phänomen vielfach beschrieben und in der Literatur bereits ausführlich diskutiert. Zahlreiche Publikationen betrachten das Thema aus unterschiedlichen Blickwinkeln. Auch Mobbing innerhalb der Schule ist seit einiger Zeit Thema verschiedener Veröffentlichungen. Hierbei geht es allerdings fast immer nur um den Aspekt der „Arbeitswelt" der Erwachsenen, also um Lehrerinnen und Lehrer.

Definition von Mobbing

Mobbing unter Kindern und Jugendlichen ist ein übergreifendes Problem, das alle Lebensbereiche der Kinder und Jugendlichen betrifft. Ob nun in der Schule oder im Freizeitbereich – solche Vorkommnisse sind überall zu finden. Eine Beschränkung der Untersuchung auf den reinen Freizeitbereich ist nicht sinnvoll, da die Strukturen den notwendigen permanenten Einblick nicht ermöglichen. Dagegen ist Mobbing im Schulkontext sehr viel besser zu beobachten und zu bearbeiten. Das Mobbing unter Kindern und Jugendlichen wird einerseits von außen in die Schule getragen, andererseits setzen sich in der Schule begonnene Vorfälle im Freizeitbereich fort. Es ist daher unumgänglich, den Ort Schule als zentrale Beobachtungs- und Bearbeitungsinstanz im Auge zu behalten.

Mädchen und Jungen sind den Gefahren des Mobbings häufiger ausgesetzt, als normalerweise zugegeben wird. Aus unterschiedlichen Gründen neigen Eltern, beteiligte Schüler – Täter wie Opfer – sowie Lehrkräfte und Pädagogen dazu, selbst handgreifliche Fälle von Mobbing in der Schule und im Freizeitbereich zu bagatellisieren und als harmlose Hänseleien oder normale Raufereien unter Jungen und Mädchen abzutun. Erst wenn ein solcher Vorgang dramatisch eskaliert und die Folgen von Gewalt (auch der Opfer gegen sich selbst) nicht mehr zu vertuschen sind, wird spät – oft zu spät – die Frage nach möglicher Abhilfe gestellt.

Anforderungen an die Eltern

Für Eltern ist es vor allem wichtig, ihren Kindern in der Not beizustehen. Das bedeutet, für das Problem des Gemobbtwerdens und des Mobbens sensibel zu werden, eine geschärfte Aufmerksamkeit zu entwickeln, verräterische Anzeichen zu erkennen, ganz konkrete Zusammenhänge wahr zu nehmen und neue Perspektiven für den eigenen Umgang mit Kindern zu gewinnen. Dabei geht es vor allem um Kinder und Jugendliche als Opfer von Mobbing, doch auch die Täterrolle muss genauer betrachtet werden. In beiden Fällen ist Ihre Hilfe und Unterstützung gefragt.

Es ist mir ein besonderes Anliegen, Eltern und auch Pädagogen auf dieses Problem aufmerksam zu machen und die Hilfe der Erwachsenen einzufordern. Die vielseitigen Erfahrungen aus sozialpädagogischer Sicht zeigen, dass Jugendliche, die gemobbt werden, ohne die verständnisvolle Unterstützung Älterer nicht aus ihrer Sackgasse herausfinden. Deshalb ist es so wichtig, dass Sie über die Thematik „Mobbing" möglichst viel wissen.

Helfen Sie Ihrem Kind, wenn es gemobbt wird!

Zunächst erfahren Sie einiges über die gesellschaftliche und jugendspezifische Bedeutung von Mobbing sowie die psychischen und sozialen Folgen. Nach der Lektüre des ersten Kapitels werden Sie eine klare Vorstellung davon haben, wie Sie Ihre Kinder im Zusammenhang mit Mobbing unterstützen oder sie davor schützen können. Auf allen Seiten gibt es Berührungsängste im Umgang mit dem Thema, doch diese Ängste lassen sich erklären und ausräumen. Wegsehen, Vertuschen und Verschweigen sind die verbreitetsten und schädlichsten Fehler. Umso wichtiger ist es, dass Sie sich in die unterschiedlichsten Lebens- und Entwicklungssituationen Ihrer Kinder einfühlen können und Ihre eigene, sehr wichtige Rolle kennen lernen.

Wegsehen gilt nicht – weder bei Gewalttätigkeiten noch beim Mobbing!

Ein Symptom unserer Gesellschaft: Mobbing

Von Mobbing im beruflichen oder privaten Umfeld hat wohl schon jeder gehört. Vielleicht ist es sogar Ihnen oder Freunden selbst widerfahren. Ob im Gespräch innerhalb der Familie oder mit Bekannten oder beim Gedankenaustausch im Kreis der Kollegen – das Thema „Mobbing" wird häufig, intensiv und vielfältig diskutiert. Oft wird Mobbing als etwas ganz Alltägliches abgetan, dem auch Sie sich angeblich nicht entziehen können. Leider geht es bei solchen Diskussionen viel zu sehr um die wirtschaftlichen Aspekte, wie den möglichen finanziellen Schaden, der einer Firma entsteht. Die persönlichen Folgen für den Einzelnen oder die Einzelne – und zwar sowohl für das Opfer als auch den Täter – werden kaum beachtet, eine wirkliche Auseinandersetzung mit dem Thema findet nicht statt.

Unsere Wettbewerbsgesellschaft ist in vielen Bereichen längst zur rabiaten Ellenbogengesellschaft geworden, die psychischen Zwänge im Überlebenskampf beschränken sich nicht mehr auf die Welt der Erwachsenen. Eltern, Pädagogen, die Öffentlichkeit – sie stehen oft fassungslos vor extremen Fällen jugendlicher Gewaltbereitschaft und übersehen nur allzu oft, dass die eigenen Kinder in Schule oder Freizeit Opfer eines leiseren, aber ebenso quälend schikanösen Verdrängungswettbewerbs werden.

Verschaffen Sie sich einen eigenen Überblick

Keine Entschuldigung von Mobbing mit der Persönlichkeit der Opfer

Die Verantwortung für Mobbing wird sehr leicht auf die Opfer geschoben. Als Gründe müssen häufig Geschlecht, Aussehen oder auch das jeweilige Auftreten der gemobbten Personen herhalten. Aber können denn irgendwelche Eigenschaften oder die Persönlichkeit des Einzelnen wirklich als Entschuldigung für Mobbing gelten?

Das, was sich hinter dem Phänomen Mobbing verbirgt, scheint oft gar nicht in den Blick zu kommen. Man kann sich des Eindrucks nicht erwehren, das Mobbing im täglichen Leben schon fast „gesellschaftsfähig" geworden ist. Solch ein geistiges Klima kann nicht ohne Auswirkung bleiben. In Gesprächen mit Kindern und Eltern erfahre ich häufig, dass das Erleben von Mobbing und vor allem von Gemobbtwerden schamhaft verschwiegen wird. Machen Sie sich diese gedankliche Verdrängung bewusst, wenn Sie beispielsweise mit Ihrem Kind über irgendeinen Kummer sprechen wollen oder herausfinden möchten, warum es sich auf einmal so „komisch" oder merkwürdig verhält. Ziehen Sie alle Möglichkeiten in Betracht – auch die des Mobbings!

Lassen Sie Ihre Kinder nicht unvorbereitet!

Auch Ihre Kinder werden einmal Teil der Arbeitswelt sein, in der Mobbing vielfach praktiziert, allerdings ebenso oft geleugnet und tabuisiert, zwar immer wieder diskutiert, aber nicht wirklich bekämpft wird.
Wer andere mobbt, ist ein Aggressor. Für sein bösartiges Handeln mag es ursächliche Erklärungen der Beweggründe geben, niemals aber eine Entschuldigung. Solche Aggressoren finden sich unter Kindern genauso wie unter Erwachsenen. Mobbing ist nämlich keineswegs nur ein Problem der Arbeitswelt, sondern zeigt sich vielfach bereits im Lebensalltag von Kindern und Jugendlichen, sogar viel regelmäßiger, weil Kinder und Jugendliche oft mit einer weniger gehemmten, unbefangeneren „Grausamkeit" gegeneinander vorgehen. Die zunehmende Zahl von Mobbingfällen sowie die stetige Zunahme extremer Vorkommnisse belegen dies leider nur allzu deutlich.

Mobbing als tägliches Phänomen unter Kindern und Jugendlichen

Mobbing unter Kindern und Jugendlichen

Im Alltag von Kindern und Jugendlichen ist Mobbing inzwischen ständig präsent. Ob nun im Umfeld der eigenen Wohnung, auf dem Weg zur Schule oder auch im Verein – Mobbing unter Kindern und Jugendlichen ist leider zum Alltag geworden. Schauen wir uns ein Beispiel an.

Fallbeispiel Die ersten Erfahrungen mit dem Gemobbtwerden machte Christian bereits im Alter von neun Jahren. Er wohnte zum damaligen Zeitpunkt in einer ländlichen Gemeinde, wo die Freizeitgestaltung sich in der Regel im direkten Wohnumfeld abspielte. Alle seine Freunde lebten im direkten Umfeld seiner Wohnung und besuchten auch die gleiche Schule. Er hatte zu dieser Zeit eine seinem Alter entsprechende Größe, war jedoch sehr schlank. Christian verhielt sich in der Freizeit und in der Schule eher ruhig, er konnte mit manchen Aktivitäten und Spielen seiner Freunde nur wenig anfangen. Das führte dazu, dass er manchmal nur unbeteiligter Zuschauer war.

Der harmlose Beginn Sie werden jetzt sicherlich fragen: Was macht so einen Jungen zum Opfer von Mobbing durch seine Klassenkameraden? Als Erklärung sind zwei Punkte zu nennen: Christian war in diesem Alter sehr hager und er hatte wenig für die Aktivitäten der anderen Kinder übrig. Damit „qualifizierte" er sich bereits für einige seiner Freunde als Opfer.
Häufig ist der Anfang von Mobbing belanglos und unauffällig, alles lässt sich erst einmal so harmlos an. Aber mit der Zeit entwickelt sich eine unerträgliche Belastung.

Schnell bemerkten zwei Jungen, dass Christian keinen Spaß am gemeinsamen Spielen hatte und deshalb auch kaum Erfolge erzielen würde. Er selber war entsprechend wenig motiviert, sich aktiv zu beteiligen. Er konnte sich der Situation des gemeinsamen Spielens nicht entziehen. Es bestanden keine Alternativen der Freizeitgestaltung, die gesamten Aktivitäten der Mädchen und Jungen in seinem Alter spielten sich in der Siedlung ab. Die beiden Jungen machten sich über sein zurückhaltendes Verhalten lustig, unterstellten ihm mangelnde Fähigkeiten und prognostizierten Christian, dass er sowieso scheitern würde. Die anderen Mädchen und Jungen reagierten darauf mit Gelächter und die Eltern, die davon erfahren hatten, kommentierten solche Situationen meistens überhaupt nicht, sondern ignorierten sie aus Unachtsamkeit oder absichtlich. Bei Christian verstärkten diese Erfahrungen und die damit verbundenen Empfindungen das Desinteresse am Spielen und auch an der Gleichaltrigengruppe.

Fallbeispiel

Eine eigentlich völlig eindeutige Situation: Zwei Jungen vermitteln Christian durch ihr Reden und Handeln das Gefühl, unbeholfen und ungeschickt zu sein. Dies führt dazu, dass Christian sich noch mehr zurückzieht. Zudem sorgen die beiden „Freunde" dafür, dass Christian sich von der Gemeinschaft ausgesperrt fühlt. Denn wenn die anderen ihn auslachen, dann verbünden sie sich in seinen Augen mit den beiden Jungen, die ihn ständig hänseln.
Seinen Eltern gegenüber äußerte er sich nicht zu den Vorfällen. Sie haben wenig Zeit und auch kaum Interesse, sich überhaupt um die Freizeitgestaltung ihres Sohnes zu kümmern.

■ **Elterntipp**

Einfühlsames Fragen nach den Tageserlebnissen Ihres Kindes

Häufig ist es schwer, überhaupt zu erfahren, dass Ihr Kind in der Freizeit gemobbt wird. Das liegt zum Teil daran, dass die Hänseleien unter Mädchen und Jungen in diesem Alter oftmals als normal angesehen werden. Viele Erwachsene finden nichts Dramatisches dabei; erst wenn es zu Gewalttätigkeiten und gar Verletzungen kommt, schreiten sie ein. Wenn Sie also sicher sein wollen, dass Ihr Kind in Freizeit und Schule gut aufgehoben ist, dann fragen Sie es täglich nach den Aktivitäten und Ereignissen. Durch das intensive Nachfragen werden Sie sehr schnell darauf aufmerksam, wenn Ihr Kind sich von anderen Kindern oder Jugendlichen angegriffen fühlt. Sie geben Ihrem Kind außerdem das überaus wichtige Gefühl, dass Sie sich für alles in seinem Leben interessieren. Von sich aus erzählt kein Kind gerne, dass es sich in der Freizeit blamiert und deswegen von den anderen Gleichaltrigen ausgelacht wird. Wenn Sie jedoch gezielt nachfragen, wird es ihm leichter fallen, von negativen Erfahrungen mit anderen Kindern und Jugendlichen zu berichten.

Unterstützen Sie Ihr Kind und bestärken Sie es in seiner Überzeugung, dass es zu seinen Interessen und auch Desinteressen, seinen eigenen Fähigkeiten und Schwächen stehen kann und darf und dass sein Verhalten genauso richtig ist wie das anderer Kinder. In einem solchen Vertrauensverhältnis fällt es Kindern leichter, sich nach schmerzhaften Vorfällen direkt an Sie als Eltern zu wenden und sich Ihnen anzuvertrauen. Bereits mit diesem interessierten und offenen Verhalten können Sie Ihr Kind ein Stück weit vor Übergriffen schützen und auf aktuelles Mobbing erfolgreich reagieren. Die Arbeit mit Mobbingopfern zeigt immer wieder, wie entscheidend es ist, dass

Eltern ihre Kinder in solchen Situationen besonders ermutigen und unterstützen.

Wie bereits erwähnt, ist Mobbing unter Kindern und Jugendlichen im besonderen Maße in der Schule zu beobachten. Allerdings wird Mobbing in der Schule und von der Schule heute immer noch weitgehend verschwiegen oder allenfalls mit der Bedeutung von „Mobbing am Arbeitsplatz Schule" betrachtet. Warum aber findet das Thema an den Schulen so wenig Beachtung?

Im Schulalltag wird Mobbing unter Schülern meist aus einem ganz bestimmten Blickwinkel gesehen. Vorfälle zwischen den Schülern, ob es sich nun um einzelne Schüler oder um Gruppen handelt, werden in erster Linie mit den persönlichen Fähigkeiten, Eigenheiten und Verhaltensweisen der betreffenden Schüler erklärt. Rasch ist man mit Kategorien für die Persönlichkeiten der einzelnen Schüler bei der Hand, die eine wirklich individuelle und differenzierte Betrachtung der Situation natürlich nicht zulassen.

Vielfältige Versuche, Mobbing zu „rechtfertigen"

Schuld oder Unschuld wird häufig nicht an einer aktuellen Situation gemessen, sondern nach dem Meinungsbild der Lehrer zugewiesen. Natürlich resultiert dieses Verhalten der Lehrer zum Teil aus den schwierigen Arbeitsbedingungen an den Schulen. Es bleibt der Mangel, dass das Meinungsbild der Lehrer überwiegend vom Verständnis oder Unverständnis bestimmt ist, mit dem sie den Schülern gegenüberstehen.

Die besondere Situation der Konfliktlösung in der Schule

Lehrer sind gezwungen, sich immer zuerst den aktuellen Konflikten zu widmen, also den Vorfällen des Tagesgeschehens. Diese Art der Konfliktlösung erfasst die Ursachen und Strukturen von Mobbing allenfalls an der Oberfläche. Die akute Konfliktsituation wird durch den Eingriff der Lehrer zwar unterbrochen oder aufgelöst. Was beispielsweise als punktueller Streit zwischen zwei Schülern erscheint, wird vordergründig bereinigt.

Doch ist die Situation für die beteiligten Schüler damit wirklich auch eine andere als zuvor? Auf den ersten Blick scheint es so, doch die Ursachen werden nach der Beilegung des Konflikts in der Regel nicht mehr weiter erforscht. Begünstigt wird diese unbefriedigende Situation dadurch, dass Lehrer oftmals zu wenig Hintergrundkenntnisse über die einzelnen Schüler haben. Nach einer „Schlichtung" oder Ermahnung gehen die Schüler zwar auseinander, sowohl bei Opfern wie bei Tätern hat sich an der persönlichen Situation jedoch nichts geändert. Der Konflikt schwelt weiter. Der möglicherweise vom Lehrer zurechtgewiesene Mobbingtäter sinnt auf Rache und denkt sich für die Zukunft noch hinterhältigere Tricks aus, um sein Opfer zu quälen.

Fehlende Ursachenforschung

Mit anderen Worten: Wenn Lehrer das Problem Mobbing verkennen und nur einen vermeintlichen Schülerstreit schlichten, kurieren sie oberflächlich an den Symptomen herum, lassen die Ursachen aber unbehandelt und verschlimmern dadurch das Leiden.

Wie erleben Sie als Eltern den Umgang mit der Schule? Vermutlich ist es schwer für Sie, einen klaren Einblick in die Vorgänge in der Schule zu gewinnen und die Lage der Schüler wirklich nachvollziehen zu können. Ein zweites Problem kommt hinzu: Mobbing unter Schülern ist nicht immer augenfällig erkennbar. Offen ausgetragene Konflikte unter Schülern stellen leider oftmals nur die Eskalation einer schon lange andauernden Mobbingsituation dar. Der überwiegende Teil von Mobbing zwischen Schülern im Unterricht, in den Pausen oder auch auf dem Schulweg bleibt unerkannt und deswegen auch unbeachtet.

Mobbing bleibt oft unerkannt

Warum ist der Einblick so schwer?

In der Schule treffen vielfältige pädagogische Aspekte aufeinander. Schüler aus unterschiedlichsten Kulturen und familiären Zusammenhängen und die stark voneinander abweichenden Interessen und Fähigkeiten führen zwangsläufig zu komplexen Situationen. Das gilt sowohl für den Kontakt der einzelnen Schüler untereinander wie auch für die sehr unterschiedlichen Gruppensituationen. Dementsprechend ist es schwer, einen detaillierten Einblick zu gewinnen und zu durchschauen, was in der Schule passiert oder passieren kann. Kinder verbringen einen großen Teil ihrer täglichen Zeit – und damit ihrer Entwicklung – in der Schule. Sie müssen neben dem Erwerb von Wissen und Fähigkeiten innerhalb der Schule ihre Persönlichkeit ausbilden, entwickeln und entfalten. Im Falle von Mobbing sind empfindlichen Störungen unausweichlich. Umso wichtiger ist für Sie die Beschäftigung mit dem Thema.

Warum Sie sich für dieses Thema interessieren

Ihre Beweggründe, sich mit dem Thema Mobbing unter Kindern und Jugendlichen auseinander zu setzen, können ganz unterschiedlich sein. Mag sein, dass Sie bei Ihrem Kind auffällige Veränderungen beobachten, die mit der Freizeit oder dem Schulalltag zusammenhängen. Vielleicht haben Sie selbst als Kind oder Jugendlicher Erfahrungen gemacht, die man früher als „Drangsalieren", „Tyrannisieren", „Schikanieren", „Hänseln", „Belästigen", „Intrigieren" und dergleichen etikettierte und die Sie heute unter dem Aspekt von Mobbing betrachten. So etwas wollen Sie natürlich Ihrem eigenen Kind *Eigene* ersparen. Möglicherweise sehen Sie sich im eigenen Ar-*Mobbing-* beitsalltag Mobbing ausgesetzt und die Beschäftigung mit *erfahrungen* dem Thema ist in Ihren Augen Vorbeugung und Schutz für Ihre Kinder. So unterschiedlich, wie Ihre Beweggründe sein mögen, so unterschiedlich ist auch Ihr Interesse am Umgang mit dem Thema.

Beispielsweise beobachten Sie die Entwicklung Ihres Kindes und wollen auf für Sie überraschende Veränderungen in seinem Verhalten richtig reagieren. Oder Ihnen wird zugetragen, dass ein Kind aus einer befreundeten Familie massiv dem Mobbing durch seine Freunde ausgesetzt ist, und nun machen Sie sich auch Sorgen um die Situation Ihres eigenen Kindes. Vielleicht ist es aber auch so, dass Ihr Kind andere Gleichaltrige mobbt, ständig piesackt, quält, verhaut – sodass Sie als Eltern sich gegen solche Anschuldigungen von außen wehren müssen und nach Erklärungen suchen, warum gerade Ihr Sohn sich kleineren, schwächeren Kindern gegenüber in einer Weise verhält, die im Englischen kurz und treffend als „bullying" bezeichnet wird.

Sie wollen Ihrem Kind die größtmögliche Unterstützung und Förderung in seiner Entwicklung zukommen lassen und stellen sich deshalb dem Thema – das ist der wichtigste Grund. Sicher gibt es noch viele, auch individuell besondere Gründe, warum man sich für das Thema interessieren sollte. All diese Beweggründe sind wichtig für Ihre Bereitschaft, sich offen und beherzt der Thematik zu stellen. Jeder Grund hat seine Berechtigung. Um sich die Offenheit und das Engagement für das Thema bewahren zu können, gilt es vor allem, jegliche Ängste abzubauen.

Keine Angst vor dem Thema Mobbing!

Lassen Sie sich nicht beirren, wenn Sie sich mit Mobbing auseinander setzen. Gerade wenn Sie herausfinden wollen, wie es um dieses Problem an der Schule Ihres Kindes bestellt ist, werden Ihnen sehr viel Widerspruch und Ablehnung begegnen. Ihr Interesse wird womöglich als Einmischung in schulische Angelegenheiten empfunden. Dabei steht es jedoch Ihnen als Mutter oder Vater in besonderem Maße zu, sich einzumischen. Denn schließlich geht es um die Entwicklung und das Wohl Ihres Kindes, und zwar in allen Lebensbereichen.

Warum Sie mit Widerständen rechnen müssen

Oftmals resultieren Widerspruch und Ablehnung vonseiten der Lehrer auch aus dem Wunsch, die Schule in einem guten Licht dastehen zu lassen. Dies darf für Sie keinesfalls ein Grund sein, ängstlich oder vorsichtig zu sein und nicht nachzuhaken. Im Gegenteil! Vielmehr sollte ein solches Abschotten Ihr gesundes Misstrauen wecken und Sie für die Richtigkeit Ihrer Vermutungen sensibilisieren.

Seien Sie offen für die Situation Ihres Kindes!

Oft neigt man als Vater oder Mutter dazu, sich nicht genau genug in die Gefühlslage seiner Kinder zu versetzen. Das kommt daher, dass man seinem Kind natürliche Freiräume zugestehen möchte. Außerdem spielt die natürliche Angst vor Dingen eine Rolle, die uns überfordern oder unangenehm sind. Also vor unbequemen Problemen lieber einfach die Augen verschließen? Nein! Gerade im Zusammenhang mit Mobbing unter Kindern und Jugendlichen gilt es, diese Angst zu überwinden. Sie beschneiden die Freiräume Ihres Kindes nicht dadurch, dass Sie Feindseligkeiten nachgehen, denen Ihr Kind in Freizeit oder Schule ausgesetzt ist. Im Gegenteil! Wenn Sie sich um die Probleme kümmern, eröffnen Sie letztlich Freiräume.

Kindliche Freiräume fördern

Vertrauen Sie auf Ihr natürliches Empfinden dafür, wo es notwendig ist, in Freiräume einzudringen und inwieweit Sie die gewonnenen Erkenntnisse verkraften können. Durch den Mut, sich aktiv auf die Situation Ihres Kindes einzulassen, reduzieren Sie zunehmend die Ängste im Umgang mit dem Thema Mobbing. Zeigen Sie sich selbstbewusst beim Thema Mobbing! Sehen Sie auch Ihren eigenen Ängsten und Erfahrungen ins Gesicht.

Stehen Sie zu Ihrem Kind!

Wenn Sie zu Ihrem Kind stehen und sich einmischen, werden Sie unweigerlich mit Vorurteilen und Schuldzuweisungen konfrontiert. Lassen Sie sich nicht durch Bewertungen von außen negativ beeinflussen, sondern geben Sie Ihrem Kind die Unterstützung, die es benötigt. Mag auch ein anderer Elternteil oder eine Lehrkraft versuchen, ausdrücklich oder „durch die Blume" dem Verhalten Ihres Kindes die Schuld zuzuweisen, wenn es gemobbt wird – lassen Sie sich dadurch nicht verunsichern oder beeindrucken! Die Angst, Ihr Kind könnte durch die Umwelt zum Außenseiter gestempelt wird, lässt sich am ehesten durch eine starke Vertrauensbasis zwischen Eltern und Kind besiegen.

Häufig empfinden sich Mädchen und Jungen zu Hause nicht respektiert und haben das Gefühl, dass ihre Eltern sie nicht verstehen und sich auch nicht mit ihren Anliegen und Nöten auseinander setzen. Selbst wenn sie sich oft abweisend geben, sind gerade Jugendliche dankbar für eine offene und offensive Beschäftigung mit ihrer Person; wie jeder andere Mensch wollen sie für ihr Leben akzeptiert und respektiert werden. Kinder und Jugendliche fordern von ihren Eltern eine realistische Wahrnehmung ihrer Person – positiv wie negativ – und benötigen eine offene und ehrliche Rückmeldung.

Notwendigkeit von Rückhalt und Akzeptanz durch die Eltern

Vielleicht erkennen Sie irgendwann Unzulänglichkeiten Ihres Handelns, weil Sie zu einem späteren Zeitpunkt umfangreichere Informationen erhalten. Lassen Sie sich davon nicht entmutigen. Das bestätigt vielmehr Ihre hohe Sensibilität im Umgang mit dem Thema.

Die Ziele dieses Ratgebers

Dieses Buch vermittelt Ihnen als Eltern ein grundlegendes Verständnis für Mobbing unter Kindern und Jugendlichen. Sie erfahren, welche Aspekte Mobbing hat, wie Mobbing begünstigt wird und wie Sie es erkennen können.

Ursachen, Hintergründe und mögliche Reaktionen

Sie erfahren, welche Rolle Ihr Kind in diesem Zusammenhang spielen kann und in welcher Rolle Sie als Eltern sich befinden. Sie erhalten einen detaillierten Überblick über die ganz unterschiedlichen Folgen von Mobbing sowohl im Freizeitbereich wie auch in der Schule. Und was für Sie natürlich besonders wichtig ist: Sie lernen Möglichkeiten kennen, wie Sie mit Ihrem Kind umgehen können, und welche Reaktionen Ihrerseits angebracht sind. Zudem erfahren Sie einiges über vorbeugende Maßnahmen, um die Gefahren des Mobbings möglichst im Voraus zu verhindern oder einzudämmen. Außerdem wird die Entwicklung von betroffenen Kindern und Jugendlichen dargestellt.

Beispiele zeigen, wie stark die Entwicklung von Mädchen und Jungen durch Mobbingerfahrungen beeinträchtigt wird. Aus den sehr genauen Darstellungen können Sie gegebenenfalls Parallelen zu Ihren eigenen Kindern ableiten. Auch die Gefahren tatenlosen Zusehens werden beschrieben. Das Wissen, wie sich das Leben junger Menschen unter dem Aspekt des Mobbings – genauer: des Gemobbtwerdens – entwickelt, wird Ihnen höhere Sensibilität für den Umgang mit Ihren eigenen Kindern verleihen.

Eltern sind häufig mit dem Mobbing – besonders mit dem Gemobbtwerden – ihrer Kinder überfordert. Deshalb will dieser

Ratgeber vor allem Mutmachen, das Problem „Mobbing" offen anzugehen und auch über professionelle Hilfe nachzudenken.

Die wichtigsten Erfahrungen und Erkenntnisse werden systematisch zusammengefasst. So gewinnen Sie Zutrauen zu sich und wissen, was Sie imstande sind zu leisten, wenn es um das Thema Mobbing unter Kindern und Jugendlichen geht.

Im Anhang des Buches finden Sie Informationen zu Hilfsangeboten und zu weiter führender Literatur.

Weitere Hilfen

Erste Anzeichen – und was sie bedeuten

Um die Tragweite zu erfassen, mit der Mobbing die Entwicklung Ihres Kindes beeinflusst, beeinträchtigt oder gar gravierend und dauerhaft stört, ist es erforderlich, sich die Einschränkungen und Beeinträchtigungen, die Ihr Kind dadurch erfährt, klar zu machen. Ihr Kind nimmt hierbei eine sehr individuelle Rolle ein – sowohl als Opfer wie als Täter –, die Sie als Eltern verstehen müssen. Nur dann werden Sie die Erkennungsmerkmale und Warnsignale richtig deuten.

Dadurch sind Sie in der Lage, auf die meist sehr langsamen Veränderungen richtig zu reagieren. Wenn Sie sich über Ihre Elternrolle im Zusammenhang mit Mobbing unter Kindern und Jugendlichen im klaren sind, werden Sie auch die unterschiedlichen Entwicklungsphasen Ihres Kindes sehr viel deutlicher wahrnehmen.

Was genau ist Mobbing?

Der Begriff „mobbing" kommt ursprünglich aus dem Englischen und beschreibt die Umgangsform zwischen Personen. Grundsätzlich bedeutet er: jemanden bedrängen, belästigen, anpöbeln, schikanieren oder gar über ihn herfallen. Es handelt sich also um einen massiven, aggressiven Eingriff in das Leben und Handeln eines anderen Menschen.

Mobbing ist massiver Eingriff in das Leben anderer

Mobbing kann bei den Opfern zu dauerhaften persönlichen Schwierigkeiten in Verhalten und Entwicklung sowie zu gravierenden gesundheitlichen Problemen führen. Im Gegensatz zu einem vereinzelten Übergriff unter Ausübung physischer und/oder psychischer Gewalt ist für das Phänomen Mobbing das systematische Vorgehen des Täters oder der Tätergruppe charakteristisch. Mobber handeln strategisch, zielgerichtet, in sich wiederholenden und sich steigernden Attacken. Der Täter sucht sich sein Opfer aus und nimmt eine oft nur minimale Andersartigkeit in dessen Eigenschaften zum Anlass, das Opfer ins Visier zu nehmen und sich darauf „einzuschießen". Andere Mitglieder einer Gruppe werden als Mittäter „angeworben" oder bilden zumindest das erwünschte „Publikum". Irgendwann wird auf diese Weise „das gehetzte Wild zur Strecke gebracht".

Mobbing-merkmale

Die Bandbreite der Mobbingübergriffe bei Kindern und Jugendlichen ist groß:

- Auslachen, Unfreundlichkeit, verletzende Bemerkungen,
- Erfinden von Gerüchten,
- Erpressung mit Androhung von Gewalt,
- Hänseln, Verspotten, Nachrufen von Schimpfnamen,
- sexuelle Belästigung,
- unfaires Verhalten beim Spiel/Sport,
- ungerechtfertigte Anschuldigungen,
- Verstecken, Beschädigen, Stehlen von Kleidungsstücken,
- Zerstören von im Unterricht erarbeiteten Materialien,
- Zurückhalten wichtiger Informationen,
- Abpassen auf dem Schulweg, Verfolgen, Jagen, Knuffen, Stoßen, Verprügeln,
- Ausgrenzen aus der Klassengemeinschaft, bei Spielen, bei Treffen.

Mobbing wird in den meisten Fällen nur offensichtlich, wenn die Opfer selbst es benennen und aufdecken. Behindert und gelähmt werden sie jedoch durch das eigene Gefühl der Scham und der Angst, Makel und Schwäche eingestehen zu müssen. Das „Scheitern" innerhalb der Gleichaltrigengruppe ist ebenso beschämend für die Opfer wie die Tatsache, Eltern gegenüber ihr „Versagen" einzugestehen.

Bedeutung der Scham

Selbstverständlich könnten auch die Täter auf ein Mobbing-ereignis hinweisen, allerdings haben sie selbst kaum ein Interesse an Aufdeckung. Doch was treibt eigentlich die Mobbingtäter? Was macht die Lust am Quälen aus? Sind es nicht – neben Konkurrenzdruck und -neid – meistens dumpfe Minderwertigkeitsgefühle, die die Täter dadurch kompensieren wollen, dass sie ein ausgewähltes Opfer peinigen und erniedrigen? Es ist ein einleuchtendes, wenn auch primitives Schema: Wer andere erniedrigt, erhöht sich dadurch selbst und richtet mit dieser Krücke sein defektes Ego auf.

Die Bedeutung der Gruppe

Man geht grundsätzlich davon aus, dass durch die Anwesenheit von Gruppen Mobbing eventuell ausgelöst, in jedem Fall aber begünstigt wird. Im Rahmen von Gruppen ist der Erwartungs- und Leistungsdruck auf den Einzelnen deutlich erhöht. Oft entsteht Mobbing unter Kindern und Jugendlichen, egal ob nun in der Freizeit oder der Schule, zwischen einzelnen Personen und die Gruppensituation verstärkt dann den Prozess des Mobbings, und zwar auf zweierlei Weise: entweder indem sich andere Kinder und Jugendliche dem Mobber anschließen oder aber in Form beifälliger oder auch nur „weg-schauender" Duldung des Mobbings. Die Gruppe um die beteiligten Akteure – Täter und Opfer – verhält sich entweder parteiisch oder neutral und kann so einem eigenen Konflikt aus dem Weg gehen.

Beide Verhaltensweisen verstärken auf unterschiedliche Weise das Mobbing: Die erste erhöht direkt den Druck auf das Opfer, die zweite lässt das Opfer in der Situation alleine. *Positive Wirkung der Gruppe* Eine Gruppe kann aber auch positiv wirken, wenn sie sich als Anwalt des Opfers versteht und klar Stellung bezieht. Leider kommt das nur sehr selten vor. In der Regel werden die Mobbingopfer allein gelassen.

Die typischen Merkmale von Mobbing

Folgende Merkmale von Mobbing sind besonders charakteristisch:

- Mobbing kann sowohl von einzelnen Tätern als auch von Gruppen ausgehen.
- Geht Mobbing von einem Täter aus, halten sich in dessen Umfeld einzelne „Mittäter" auf.
- Mobbing zeichnet sich durch systematisches, strategisches Vorgehen aus.
- Mobbing vollzieht sich regelmäßig über einen längeren Zeitraum.
- Mobbing kann sowohl direkt wie auch indirekt (durch offene Aggression oder hinterhältige Intrige, physisch wie auch psychisch) erfolgen.

- Mobbing ist in mehrfacher Hinsicht ein Verdrängungsvorgang.
- Mobbingopfer fühlen sich unterlegen und sehen die Schuld bei sich.
- Mobbingopfer fühlen sich diskriminiert und sozial isoliert.

Zunehmend beobachten wir, dass sich die Täter die neuesten Kommunikationswege zueigen machen. Aktionen per SMS über das Handy oder auch per E-Mail im Internet treten immer häufiger auf und nehmen immer extremere Formen an. Die Einschränkungen für das Opfer gleichen denen anderer Mobbingformen. Allerdings wird das Angehen des Problems in solchen Fällen dadurch erschwert, dass die Angriffe den Eltern und den Pädagogen meist verborgen bleiben.

Neueste Mobbingformen

Wie vollzieht sich Mobbing in der Schule?

Wenn ein Kind von anderen Schülern gemobbt wird, erleidet es eine zentrale Einschränkung seiner persönlichen Entwicklung. Es wird von anderen Kindern und Jugendlichen in der Entfaltung seiner Rechte, Freiheiten und Möglichkeiten behindert und muss sich gegen oft nur schwer durchschaubare Anfeindungen wehren.

Mobbing ist ein einsames Duell, allerdings mit ungleichen Waffen. Nur Täter und Opfer wissen, wie sich die Situation gestaltet. Ist der Vorgang des Mobbens und Gemobbtwerdens jedoch offen ersichtlich (und das ist in der Mehrzahl der Fälle so), dann ist es für das betroffene Kind von besonderer Bedeutung, wie sich die Gruppe verhält. Zunächst unbeteiligte Mädchen und Jungen sind in solchen Situationen völlig verunsichert und unentschlossen, wie sie sich verhalten sollen. Wie schon zuvor beschrieben, nimmt die Gruppe ganz unterschiedlich Einfluss auf den Ablauf der Geschehnisse: Sie kann zu einer Gang der Mittäter werden, zu einem stummen oder beifälligen Publikum oder – selten genug und meistens nur in schönfärbenden Jugendbüchern oder -filmen beschrieben – zu einem Korrektiv, das das Opfer verteidigt und den oder die Täter in die Schranken verweist. Verdeutlicht wird dies durch die Erfahrungen von Frank:

Fallbeispiel   Frank lebt in einer süddeutschen Großstadt. Sein erstes Mobbingerlebnis hatte er in der zweiten Klasse. Der Einstieg erfolgte zu Anfang im Sportunterricht, da er sich dort nicht so gut behaupten konnte. Der Täter (Mobber) war ein Mitschüler aus seiner Klasse. Nach einer Weile musste Frank die Hänseleien seines Mitschülers nicht mehr nur im Sportunterricht erdulden. Der Mobber in der Klasse verstärkte seinen Druck auf Frank auch im übrigen täglichen Unterricht. Im weiteren Verlauf der Grundschulzeit kam es ständig zu Situationen, in denen Frank dem Mobbing (Spott, Intrigen, Unterstellungen, tätliche Angriffe) durch den Mobber ausgesetzt war. Und in vielen dieser Situationen musste Frank erfahren, was es bedeutet, alleine in der Klasse dazustehen. Die Übergriffe und Aktionen steigerten sich von Monat zu Monat. Aus den anfänglichen Hänseleien im Sportunterricht entwickelten sich im weiteren Schulalltag fast ständige Anpöbelungen. Ob nun im Unterricht, auf dem Pausenhof oder dem Schulweg – der

Schüler zog ihn wegen seiner schlaksigen, seiner Meinung nach unbeholfenen Art auf. Er machte sich lustig über sein Aussehen und seine Art, sich zu bewegen. In der Klasse führte er ihn ständig vor, indem er und noch zwei weiter Mitschüler Frank ständig ärgerten, seine Bewegungsmuster nachäfften, seine Sachen versteckten oder auch seine Unterrichtsmaterialien beschädigten. Seine Mitschüler lachten über ihn und die sich aus der Verspottung ergebenden „komischen" Situationen. Niemand wollte sich mit dem „Klassenanführer" anlegen aus Furcht, dann selbst Opfer seiner Aggressionen zu werden. Der Mobber, aber auch die weiteren beteiligten Schüler bewirkten, dass Frank sich in seiner Klasse allein und von der Klassengemeinschaft ausgeschlossen fühlte.

Auf dem Schulhof konnte er sich meistens nicht an den Spielen der anderen beteiligen. Der Mobber grenzte ihn bewusst aus, indem er ihm Fähigkeiten zum Mitspielen von vornherein absprach. Durfte er doch ab und zu einmal bei den Spielen mitmachen, dann erwies er sich „erwartungsgemäß" als nur wenig erfolgreich. Frank sah sich in solchen Situationen einem enorm großen Druck ausgesetzt. Denn jedes vermeintliche oder neue Missgeschick führte dazu, dass sich der Mitschüler bestätigt fühlte und sich erneut über ihn lustig machte. Franks Eltern erfuhren von den Vorkommnissen rund um die Schule zu dieser Zeit so gut wie gar nichts, sondern erst viele Jahre später.

Wie unschwer nachzuvollziehen ist, hatte sich der Mitschüler Frank als Opfer für seine Mobbingattacken „ausgesucht". Begünstigt wurde dies auch durch das Verhalten der anderen Mitschüler. Sie waren darauf bedacht, sich selbst zu schützen und nicht ebenfalls Opfer der Übergriffe des Mobbers zu werden. Was im Sportunterricht begonnen hatte, setzte sich im übrigen Schulunterricht fort. Frank wurde durch die ständigen Übergriffe seiner Mitschüler zum „Außenseiter" abgestempelt.

Verstärkung der Minderwertigkeitsgefühle

Seine Mitschüler verankerten in ihm das Gefühl, schlechter zu sein als sie selbst. So konnte sich der ihm in seinem Wert gewiss nicht überlegene Täter über ihn erheben – ein bösartiges Vorgehen. Frank gelangte zu der Überzeugung, unbeholfen und tollpatschig zu sein. Zudem war er zutiefst verunsichert, was seine eigenen Fähigkeiten betraf. Denn was er auch in der Klasse, auf dem Schulhof oder auf dem Schulweg tat, sein Mitschüler und dessen Helfer fanden darin stets Anlässe, um ihn zu mobben. Die anderen Mitschüler verstärkten diese Gefühle noch zusätzlich durch ihr passives oder beifälliges Verhalten.

Frank war besonders dadurch psychisch verletzt, dass keiner seiner Mitschüler zu ihm hielt. Mit vielen von ihnen hatte er schon manchmal außerhalb der Schule gespielt und deshalb geglaubt, sie seien seine Freunde.

Frank fehlte es an Möglichkeiten, sich gegen die Angriffe des Mobbers und der weiteren Mitschüler zu wehren. Er war ihnen körperlich unterlegen und konnte ihnen verbal nichts wirklich Klärendes, „Entwaffnendes" entgegenhalten. Seine wachsende Unsicherheit schwächte seine Abwehrfähigkeiten – körperlich, strategisch, verbal –, von Gegenangriffen ganz zu schweigen.

Durch diese Vorgänge wurden fast zwei Jahre seiner Grundschulzeit geprägt. So nimmt es nicht Wunder, dass er sich zu
einem sehr unsicheren Kind entwickelte. Diese Veränderungen bemerkten seine Eltern nicht. Sie hatten von Anfang an
wenig Bezug zum Schulalltag ihres Sohnes. Sie waren der
Meinung, dass er dort gut aufgehoben und alles in bester
Ordnung sei.
Sie versäumten es in dieser Zeit, Frank eine Vorstellung davon zu vermitteln, was normal und was nicht normal ist im
Schulalltag und im Umgang mit Gleichaltrigen. Frank erlebte
das Verhalten seiner Eltern als Desinteresse an seiner Person.
So gelangte er zu der Einsicht, alles alleine durchstehen zu
müssen.

■ Elterntipp

Sie sollten Ihrem Kind auf jeden Fall vermitteln, dass es
Schwierigkeiten in der Schule nicht alleine bewältigen muss.
Es ist wichtig, dass Sie beobachten, mit welcher Stimmung
Ihr Kind aus der Schule nach Hause kommt. Wenn es be-
drückt ist, so liegt das nicht immer nur am regulären Schulall-
tag mit Lehrerschelte, schlechten Noten oder der natürlichen
Erschöpfung. Es ist wichtig, aktiv nachzufragen, was in der
Schule passiert ist. Sie werden mit der Zeit eine besondere
Sensibilität dafür entwickeln, ob Ihnen Ihr Kind offen berich-
tet. Wenn Sie verunsichert sind, dann fragen Sie beim Klas-
senlehrer nach, ob etwas vorgefallen sein könnte und wie Ihr
Kind im Unterricht und im Klassenverband zurechtkommt.
Versuchen Sie aber immer, eine solche Rückfrage an der
Schule vorab mit Ihrem Kind zu erörtern. Vermuten Sie eine
akute Gefahr, müssen Sie natürlich umgehend handeln.

Haben Sie schon daran gedacht, Ihr Kind einmal während der Pausenzeit – natürlich mit der gebotenen Diskretion – auf dem Schulhof zu beobachten? Das erscheint Ihnen vielleicht im ersten Moment als aufdringliche Kontrolle. Aber es geht um das Wohl Ihres Kindes. Machen Sie sich deshalb lieber selbst ein Bild, wenn Sie verunsichert sind oder den Verdacht haben, Ihr Kind könnte gemobbt werden. Gehen Sie behutsam vor, da ein zu offensichtliches Auftreten Ihrerseits die Situation noch verschlechtern kann, da Sie dem Mobber eventuell neue Beweggründe für sein Handeln liefern.

Gefühle und Ängste thematisieren

Wenn Ihr Kind Sie über akute Vorfälle informiert, dann sprechen Sie mit ihm über seine damit verbundenen Gefühle und Ängste. Wenn möglich, sollten Sie die Eltern der beteiligten anderen Schüler kontaktieren. Auch hier gilt das Gebot der vorherigen Rücksprache mit Ihrem Kind. Je nach Verhalten der anderen Eltern kann es sich noch verschärfend auf die Mobbingsituation auswirken, wenn Sie das Problem mit den Eltern ansprechen. Zweckmäßigerweise sollten Sie ein solches Gespräch im Beisein einer Lehrkraft oder einer anderen Person Ihres Vertrauens führen. Sie kann die Rolle des Moderators oder Vermittlers übernehmen, damit Ihr Gespräch geordnet und ruhig verläuft. Immerhin besteht in solchen Gesprächssituationen die Gefahr, dass sich die Eltern des mobbenden Mitschülers angegriffen fühlen; womöglich verhalten Sie sich auch wirklich anklagend. Unter diesen Voraussetzungen ist es allein nur schwer möglich, konkrete Verbesserungen der Situation herbeizuführen. Und im schlechtesten Fall verschlimmert sich die Gesamtsituation dadurch. Gehen Sie also überlegt vor.

Um Ihr Kind vor Angriffen anderer Schüler zu schützen, ist es – wie schon gesagt – sehr wichtig, ihm das Gefühl zu vermitteln, dass Sie vorbehaltlos hinter ihm stehen. Schon in der Grundschule braucht Ihr Kind die Sicherheit, dass es selbst „in Ordnung ist". Dies gelingt ihm aber nur, wenn es weiß, dass Sie als Eltern es so lieben, wie es ist.

In dieser Entwicklungsphase werden die wichtigsten Grundlagen der Persönlichkeit Ihres Kindes bereits ausgebildet. Merkmale wie Selbstbewusstsein, Vertrauen und auch Toleranz werden entscheidend geprägt. Wenn Ihr Kind sich Situationen ausgesetzt sieht, wie Frank sie erfahren musste, dann sind mögliche Folgen gravierend und auf ungünstige Weise prägend für die weitere Entwicklung. Das Selbstbewusstsein wird sich kaum oder nur sehr spärlich entwickeln. Das Kind wird keinen Grund erkennen, warum es zu seinen gleichaltrigen Mitschülern oder auch zu Erwachsenen ein besonderes Vertrauensverhältnis aufbauen sollte, und es wird nur schwer nachvollziehen können, was es mit Toleranz gegenüber anderen Menschen auf sich hat.

Ausbildung der Persönlichkeit

Sie können durch Offenheit, Interesse und stete Gesprächsbereitschaft Ihrem Sprössling gegenüber diese Persönlichkeitsmerkmale sehr positiv beeinflussen. Diese Akzeptanz, die Sie damit vermitteln, bietet Ihrem Kind einen guten Schutz vor Mobbing unter Schülern sowie die Möglichkeiten, sich gleich zu wehren, wenn es zum Zielobjekt wird – noch bevor es überhaupt zum Opfer geworden ist. In Gesprächen mit Mädchen und Jungen höre ich oft die Enttäuschung heraus, wenn sie von ihren Eltern in einer vergleichbaren Problemsituation alleine gelassen werden.

Eine Weichenstellung für das spätere Leben

Was in der Schule – und natürlich auch in der Freizeit von Kindern – beginnt, wirkt sich in aller Regel prägend auf das ganze weitere Leben eines Menschen aus. Auch Mobbingerfahrungen, die Ihr Kind als Opfer (oder genauso als Täter) in der Schule und darüber hinaus gemacht hat, bestimmen seine gesamte weitere Entwicklung. Hier werden Verhaltensmuster begründet, die wie eine Programmierung im späteren Leben immer wieder automatisch und oft unbewusst zu gleichen Reaktionen führen. Der (vermeintlich) Überlegene weiß, dass und wie seine Machtspiele funktionieren. Der (vermeintlich) Unterlegene lässt sich im Nu verunsichern und stolpert fast zwangsläufig von einem Fehler in den nächsten.

Prägende Verhaltensmuster

Wie beeinträchtigt Mobbing Ihr Kind?

Mobbing bedeutet systematische Einschränkung von Möglichkeiten. Dabei spielen verschiedene persönliche Ebenen eine Rolle, in die das Mobbing eingreift. Die von Heinz Leymann (Mobbing – Psychoterror am Arbeitsplatz und wie man sich dagegen wehren kann, Rowohlt, Reinbek 1993, Seite 33) aufgestellten Merkmale und die damit verbundenen Tatbestände, die für die Arbeitswelt gelten, lassen sich modifiziert auch auf die Welt der Kinder und Jugendlichen übertragen. Für die Schule (das gilt auch für andere Lebensbereiche von Kindern und Jugendlichen) lassen sich fünf Merkmale bestimmen:

Merkmale der
Beeinträchtigung

- Die Möglichkeiten des Opfers, sich mitzuteilen, werden beeinträchtigt.
- Seine sozialen Kontakte werden beständig gestört.
- Es erfolgt eine permanente Abwertung des sozialen Ansehens des Opfers.
- Negative Beeinflussung der Lern- und Lebenssituation ist eine weitere Folge.
- Eine erhebliche Beeinträchtigung der Gesundheit des Opfers ist ein deutliches äußeres Zeichen.

Diesen fünf Merkmalen entsprechen ganz konkrete Handlungen, die die Mobber im Einzelnen ausüben. Diese Handlungen sind eindeutige Angriffe. Die Beweggründe des Mobbers sind dabei sehr unterschiedlich. Vielleicht will er sich in eine Machtposition gegenüber anderen bringen, vielleicht will er demonstrieren, wer der Stärkere ist, oder – wie schon erwähnt – von seinen eigenen Schwächen ablenken.
Das Muster kann ganz einfach sein: Der Rabauke erfährt beispielsweise immer wieder seine intellektuellen Defizite. Wieder einmal hat er sich blamiert, weil sein Deutschaufsatz ein hilfloses Gestammel unausgegorener Gedanken war. Aber da gibt es einen in der Klasse, der mit Gedanken und Worten viel geschickter umgehen kann und vielleicht auch noch dafür gelobt wird. Gerade solche Konstellationen als Ausgangspunkt für Mobbing nehmen in den letzten Jahren stark zu. Ihnen als Eltern muss es oft unbegreiflich erscheinen, dass ausgesprochen positive Eigenschaften Ihres Kindes als Grundlage von Mobbing dienen können. Aber der Täter geht geschickt vor, denn siehe da – das betreffende Opfer trägt immer so eine

seltsame Jacke. Und überhaupt scheint der Junge irgendwie komisch zu sein. Ihn kann man also zum Gespött machen, ihm kann man die Jacke wegnehmen. Ihn kann man verprügeln oder zu Boden stoßen. Ihm kann man jeden Tag die Luft aus dem Fahrradreifen lassen – und das zum johlenden Gaudium der anderen Schüler! Und schon mutiert der Dumpfkopf zum Helden des Tages ...

Nicht die Jacke des gemobbten Jungen, nicht seine Eigenheiten sind Ursache und Grund des Mobbings, sie sind nur ein willkürlicher, vorgeschobener Anlass für den Täter, der sich so eine Pseudo-Rechtfertigung verschafft.

Bedenken Sie, dass Ihr Kind möglicherweise nur deshalb Mobbingopfer geworden ist, weil es einem anderen (dem Täter) gerade gelegen kam. Allerdings kann sich die Anzahl der Beteiligten mit der Zeit ausweiten. Ihr Kind ist auf verschiedenen Ebenen betroffen. Die einzelnen Vorkommnisse bauen aufeinander auf und verstärken sich in ihren Auswirkungen. Umso wichtiger ist es, ein sich anbahnendes Mobbingverhalten möglichst früh zu erkennen. Wie banal der Einstieg sein kann, zeigt auch der Fall von Maria:

Fallbeispiel Maria besuchte die Grundschule in unmittelbarer Nähe ihrer elterlichen Wohnung in einer westdeutschen Kleinstadt. Die meisten Kinder in ihrer Klasse kamen aus der Nachbarschaft und einige von ihnen kannte sie schon sehr gut und war mit ihnen befreundet. Maria war ein sehr lustiges, verspieltes Mädchen. Oftmals fiel auf, wie fantasievoll und auch ein wenig verträumt Maria zu dieser Zeit war. Sie freute sich auf die Schule und das, was alles Spannendes passieren würde. Sie war für ihr Alter von normaler Größe, etwas pummelig, und sie trug bereits eine Brille.

Sie war eine gute Schülerin, im Unterricht verhielt sie sich recht quirlig. Da ihre Sehschwäche für ihr Alter schon sehr ausgeprägt war, gehörte Lesen nicht zu ihren Lieblingsfächern. Zudem wollte sie gerne beim Sport mitmachen, konnte aber wegen ihrer Brille nicht an allem teilnehmen. Sie wirkte manchmal etwas unbeholfen und gehemmt trotz ihrer offenen, lebenslustigen Art.

Unauffälliger Beginn

Bis hierher ist nichts Ungewöhnliches an der Geschichte. Oft gibt es anfangs keine gravierenden Anzeichen dafür, dass ein Kind das Opfer von Schikanen und Hänseleien wird. Auch die Gründe, warum sich das Mobbing der Mitschüler gerade gegen ein bestimmtes Kind richtet, bleiben häufig unklar. Umso wichtiger ist es, unausgesprochene Signale des Kindes zu erkennen.

Ihre eigene Haltung und Offenheit gegenüber Ihrem Kind ist von zentraler Bedeutung. Denn auch wenn die ersten Anfänge meist nicht eindeutig zu erkennen sind, heißt das nicht, dass Sie Ihr Kind nicht vor solchen Erfahrungen schützen können. Wie Sie im weiteren Verlauf erfahren werden, hat auch Marias Leidensgeschichte ganz unauffällig begonnen. Allerdings kann sich jede noch so kleine Verletzung der Persönlichkeit in der weiteren Entwicklung eines Kindes festsetzen.

Fallbeispiel

Der Einstieg in das Mobbing von Maria durch ihre Mitschüler ergab sich mit einer fast schon akzeptierten „Normalität":

Maria wurde immer häufiger von einem Mädchen in der Klasse wegen ihrer Brille gehänselt.

Das Mädchen, das Maria hänselte, war selbst beim Sport sehr begabt und hatte im Sportunterricht bemerkt, dass Maria durch ihre Brille dabei ein wenig behindert wurde. Sie witzelte erst während des Sports, im weiteren Verlauf auch im übrigen Unterricht über Marias Brille. Der Titel „Brillenschlange" war Maria schnell verliehen. Maria, sowieso schon ein wenig verunsichert wegen ihrer Brille, wurde nun noch unsicherer. Andere Kinder aus der Klasse beteiligten sich ebenfalls an dem Spott und lachten Maria aus. Zwei Kinder, die ebenfalls Brillen trugen, hielten sich sehr zurück und waren froh, dass – eigentlich unerklärlicherweise – nicht sie von den Mitschülern aufs Korn genommen wurden. Maria erzählte zu Hause, dass die Mitschülerinnen sich über sie und ihre Brille lustig machten. Die Eltern stellten Maria gegenüber klar, dass das nicht so schlimm sei und sicher wieder von alleine aufhören würde.

Allmähliche Verfestigung

Es beginnt also – von außen gesehen – alles ganz belanglos und „normal". Selbst die Eltern von Maria waren überzeugt, dass es so schlimm gar nicht sein konnte. Sie glaubten, dass es sich hierbei um das übliche Geplänkel zwischen Kindern handelte. Welchem Kind, das in der Schule eine Brille trägt, ist das nicht schon einmal passiert? Und wenn es nicht die Brille ist, dann vielleicht eine Zahnspange oder etwas noch anderes. Maria hingegen fühlte sich verletzt. Ihre Unsicherheit mit der Brille, insbesondere im Sportunterricht, wurde nun noch verstärkt. Das Verhalten ihrer Mitschülerin empfand sie als Bestätigung, dass sie selbst diese Unsicherheit zu Recht verspürte. Das Gelächter der unbeteiligten Mitschüler verschärft die Situation natürlich noch.

Die Eltern von Maria machten an diesem Punkt einen entscheidenden Fehler: Sie fühlten sich nicht in die Situation der Tochter ein und übersahen, dass Maria zuvor nie über solche Vorkommnisse berichtet hatte. Die Eltern hätten nach Gründen für die neue Situation fragen und unbedingt registrieren sollen, dass Maria erstmals über die Hänseleien sprach, sich also sehr stark als Opfer fühlte.

Hören Sie Ihrem Kind genau zu und vergleichen Sie, ob Ihnen wesentliche Veränderungen zu früheren Erzählungen auffallen, Wohl gemerkt: Es geht nicht darum, besondere Überempfindlichkeiten bei von Klassenkameraden geneckten Schulkindern zu züchten, eine hysterische Überbewertung von kleinen Kümmernissen an den Tag zu legen und die eigenen Kinder ständig und ängstlich auf irgendwelche Symptome und Signale zu kontrollieren. In der Gemeinschaft der Kinder im Kindergarten, in der Schule, im Verein sowie in der offenen Freizeitgestaltung mit Gleichaltrigen wird Ihr Kind auf die raue Wirklichkeit des späteren Lebens vorbereitet. Weder das Leben später noch die Erwachsenen und Gleichaltrigen jetzt fassen Ihr Kind mit Samthandschuhen an. Es muss lernen, sich angemessen durch- und zur Wehr zu setzen. Ängstlich behütete Kinder werden keine freien Persönlichkeiten. Aber wenn ein Kind es nicht schafft, sich zu wehren, wenn die normalen Auseinandersetzungen zwischen Kindern eskalieren und ein Opfer seelische Beschädigungen davonzutragen droht, dann ist aktives Eingreifen vonnöten!

■ **Elterntipp**

Einseitige Beleidigungen und Hänseleien, ständiges Verspottet- und Ausgelachtwerden dürfen niemals zur Normalität in der Entwicklung eines Kindes werden. Auch Marias Lehrer haben in den akuten Situationen nicht Partei ergriffen. Solange nichts Sichtbares passiert, sehen die meisten Lehrer tatenlos zu. Was Maria passiert ist, kann jedem Kind passieren. Eine Brille kann der Auslöser sein, schiefe Zähne, Schielen, eine besondere Schultasche oder „komische" Kleidung. Sollten Sie in der glücklichen Lage sein, dass Ihr Kind sich wegen der Vorkommnisse an Sie wendet, dann geben Sie ihm das Gefühl, dass Sie sich in seine Lage versetzen. Machen Sie nicht den Fehler, nur halb hinzuhören oder gegebenenfalls nichts zu unternehmen! Suchen Sie nicht gleich nach einer schnellen und scheinbar plausiblen Erklärung, um das Problem ad acta legen zu können. Denn Ihr Kind wird eine solche Patentlösung nur schwerlich verstehen.

Keine vorschnellen Lösungen

Durch zu schnelles „Abhaken" fühlt sich Ihr Kind unverstanden und den Anfeindungen der anderen Kinder weiter hilflos ausgesetzt. Ich beobachte häufig während meiner Tätigkeit, dass zu schnelle Lösungen die Kinder und Jugendlichen überfordern. Sie brauchen Zeit, um sich mit dem Erlebten zu arrangieren. Wenn Ihrem Kind etwas Vergleichbares wie Maria geschieht, dann sprechen Sie eingehend darüber, welche Gefühle bei ihm ausgelöst wurden. Fragen Sie bei Ihrem Kind nach, wie ihm in den Situationen zu Mute ist und was in Zukunft anders sein soll. Und erklären Sie unmissverständlich, dass solche Hänseleien und Beleidigungen keinesfalls in Ordnung sind und dass es gut war, dass Ihr Kind sich Ihnen anvertraut hat. Wenn Sie zum Schulalltag aktiv nachfragen, gewinnt Ihr Kind die Zuversicht, dass es auch von sich aus zu Hause über negative Erfahrungen berichten kann.

Sprechen Sie auf jeden Fall mit Lehrern über die Vorkommnisse. Machen Sie in solch einem Gespräch unmissverständlich deutlich, dass Sie als Eltern es nicht akzeptieren können, wenn solche Ereignisse im Schulalltag als „Normalität" behandelt werden. So schützen Sie Ihr Kind und vielleicht auch andere Kinder vor möglichen Übergriffen.

Lehrer in die Verantwortung nehmen

Das Kind kann sich nicht mehr offen mitteilen

Der Mobber will erreichen, dass sich das Opfer nicht mehr frei gegenüber seinen Altersgenossen mitteilen kann. Der Gemobbte wird vom Mobber beispielsweise ohne ersichtlichen Grund ständig beschimpft, beleidigt, bedroht oder auch angeschrien. Die vermeintlichen Gründe legt der Mobber selbst fest. Der gemobbte Schüler sieht sich der Situation ausgesetzt, für sein Tun ständig kritisiert zu werden. Was er auch tut, es ist falsch, lächerlich, blamabel. Das kann sich sowohl auf das Verhalten während des Unterrichts beziehen als auch auf die Art und Weise, wie sich das Opfer in der Freizeit gibt. Der Mobber unterstellt ständig bestimmte Verhaltensweisen oder Handlungen, die seinen Vorstellungen und Wünschen nicht entsprechen. Er vermeidet zugleich den „normalen" Umgang mit dem Opfer, unterbricht sein Gegenüber während eines Wortwechsels und lässt es gar nicht zu Wort kommen. Alle diese Angriffe schränken die Möglichkeiten des betroffenen Kindes, sich angemessen mitzuteilen, entscheidend ein. Mobbingopfer fühlen sich zurückgesetzt, verunsichert und nicht mehr in der Lage, sich frei und unbeschwert zu äußern. Mädchen und Jungen, die durch andere Kinder und Jugendliche Opfer von Mobbing werden, sind zutiefst verunsicherte und psychisch verletzte kleine Persönlichkeiten.

Soziale Kontakte des Kindes werden zerstört

Das Verhalten des Mobbers hat also gravierende Folgen für die sozialen Kontakte des Opfers. Der normale Austausch nimmt immer mehr ab. Der Mobber spricht nicht mehr mit seinem Opfer und lässt sich von ihm auch nicht mehr ansprechen. *Ausgrenzung und Isolation von sozialen Kontakten* Der gemobbte Schüler wird also einfach nicht mehr zur Kenntnis genommen und der Täter übt Druck auf seine Mitschüler aus, um zu erreichen, dass auch sie nicht mehr mit dem Opfer reden. Häufig erreicht er sein Ziel, da – wie schon erwähnt – viele den Konflikt mit dem Mobber vermeiden wollen.

Wenn der Mobber geschickt vorgeht, dann wird er sich im Unterricht neben sein Opfer setzen lassen. (Dies kann übrigens von unaufmerksamen Beobachtern als freundschaftliche Geste missverstanden werden!) So kann der Mobber, allein durch seine Nähe, ständigen Druck ausüben. Das Opfer findet in diesem Stadium des Mobbingprozesses nur selten den Mut und die Kraft, sich zu wehren. Das hat zur Folge, dass der gemobbte Schüler zunehmend den Kontakt zu seinen Mitschülern verliert. Er ist zum einen gehemmt durch die Nähe seines Peinigers, zum anderen lässt dieser ihm nicht mehr viel Spielraum, mit anderen Kontakt zu suchen. Die anderen Schüler werden sich ebenfalls zurückhalten, weil sie möglichen Ärger mit dem Aggressor vermeiden wollen oder froh sind, dass die Aggression diesen einen Schüler trifft und nicht sie selbst. Für die Opfer ist diese Situation extrem belastend. Gerade in der Schule, wo der regelmäßige Kontakt zu den Mitschülern eine entscheidende Rolle spielt, kann ein Kind eine solche Isolation von den übrigen Mitschülern nur schwer kompensieren. Es hat keine Freunde mehr und vereinsamt. Vergleichbares gilt natürlich auch für den Freizeitbereich eines Kindes, wenn es durch einen vermeidlichen Freund innerhalb der Gleichaltrigengruppe isoliert wird. Leider tritt oftmals die beste Freundin bzw. der beste Freund als Mobber auf. Sie oder er machen sich dabei die umfangreichen Kenntnisse über sein Gegenüber zu Nutze. Die Folgen sind aber nicht weniger gravierend, wenn der Täter sein Opfer vorher nicht besser kennt. Und natürlich sind beste Freundschaften keineswegs immer potenzielle Quellen von Mobbing.

Freunde als Mobber

Das Kind wird in seinem sozialen Ansehen geschädigt

Als Kind und Jugendlicher ist man – wie alle Menschen in jedweder sozialen Gruppe – darauf angewiesen, in seinem Umfeld angesehen und respektiert zu sein. Nur so kann man die Anforderungen des Lebens, also auch die in der Schule, bestehen. Das „soziale Ansehen" ist besonders prägend für die Entwicklung eines Kindes.

Durch scheinbar beiläufige Andeutungen über Interessen, Verhalten und auch Eigenheiten wird das Mobbingopfer permanent schlecht gemacht. Der Mobber stellt Vermutungen und Unterstellungen in den Raum, die das soziale Ansehen des Schülers beschädigen. Seine Verhaltensweisen werden nachgeäfft und das Opfer fühlt sich bloßgestellt. Besonders verletzend ist es auch, wenn der Haupttäter oder Mitschüler oder gar Freunde das Opfer zwingen, Dinge zu tun, die normalerweise nicht üblich sind. Oftmals wird ein Mobbingopfer von seinem Peiniger gezwungen, beispielsweise dessen Müll wegzubringen oder für ihn die Hausaufgaben zu machen.

Erpressung Hier beginnen erpresserische Mechanismen zu greifen. Der Täter weckt im Opfer die falsche Hoffnung, von ihm abzulassen, wenn es einen abwegigen Wunsch erfüllt. Geht das Opfer darauf ein (zum Beispiel als „Mutprobe" etwas Verbotenes oder Peinliches zu tun), wird es vom Täter keineswegs fortan in Ruhe gelassen, sondern vielmehr von ihm öffentlich für die Missetat angeprangert.

Ein Kind, das sich in einer solchen Situation wiederfindet, fühlt sich ausgesprochen verletzt, unverstanden und überhaupt nicht akzeptiert. Zudem wird es von seinen eigentlichen Aufgaben und Möglichkeiten abgelenkt, welche ihm der Besuch der Schule bietet. Manche Mädchen und Jungen sind überhaupt nicht mehr in der Lage, sich auf die Schule und die damit verbundenen Interessen zu konzentrieren. Mobbingopfer werden am unbedingt notwendigen Austausch mit Gleichaltrigen gehindert und können sich ihren Mitschülern nicht mehr anvertrauen.

Die Lern- und die Lebenssituation des Kindes und Jugendlichen sind gestört

Es ist offenkundig, dass die zuvor benannten Tatbestände die Lern- und Lebenssituation eines Kindes grundsätzlich negativ beeinflussen. Der Betroffene sieht sich einer ständigen Beobachtung durch seinen Peiniger ausgesetzt und verliert dadurch einen großen Teil seiner Aufmerksamkeit für den Unterricht oder die eigene sinnvolle Freizeitgestaltung. Zudem erlebt er den Zwiespalt: Wenn er sich ins Lernen flüchtet, sei es als Ausweg oder um das im Unterricht mangels Aufmerksamkeit Versäumte aufzuholen, igelt er sich noch mehr ein und seine Ausgrenzung durch die Mitschüler und Freunde verstärkt sich weiter. Außerdem mangelt es ihm, wie schon zuvor geschildert, am persönlichen Austausch mit gleichaltrigen Mädchen und Jungen. Er kann nur schwer ganz normale Fragen beantworten und selbst leichte Aufgaben nur mühsam lösen. („Weißt du, was wir für morgen in Mathe aufhaben?" – „Wann treffen wir uns an der Bushaltestelle zum Schulausflug?") Mobbingopfer tun sich schwer, dem Unterricht zu folgen.

Die Situation wirkt sich nicht nur in der Schule aus, sondern betrifft auch die weitere Lebenssituation. Denn meistens enden die Angriffe nicht mit Unterrichtsschluss. Auch die Situation des betroffenen Kindes in der Freizeit ändert sich entscheidend. Die Kontakte zu anderen Jugendlichen werden schwieriger, weil das Kind ein verständliches Misstrauen gegenüber Gleichaltrigen entwickelt. Unternimmt es einen mutigen Vorstoß, trifft es möglicherweise auf eine Mauer des Schweigens („Worüber habt ihr denn eben so gelacht?" – „Wir? Haben wir gelacht? War da was? Nö."). Das Mobbingopfer wird mehr und mehr von Treffen mit Klassenkameraden in der Freizeit ausgeschlossen. Es wird zu keiner Geburtstagsfeier mehr eingeladen („Die mit ihren komischen Klamot-

Folgen für die Freizeit

ten!") und erfährt nicht, wenn andere gemeinsam ins Kino gehen ("Das versteht der doch sowieso nicht!"). Und wenn der Mobber will, dann setzt er sein Opfer auch in der Freizeit weiter aktiv unter Druck. Es kommt aber auch umgekehrt vor, dass anfänglich im Freizeitbereich begonnene Mobbingübergriffe ihre tägliche Fortsetzung im Schulkontext finden. Ein Beispiel hierfür ist Nils.

Nils wurde im Alter von zwölf Jahren erstmals von einem gleichaltrigen Freund im Gymnasium gemobbt, da er zum damaligen Zeitpunkt pummelig und unbeholfen wirkte. Anfänglich geschah es nur punktuell und in der Freizeit, doch dann wechselte der Mobber die Schule und landete unversehens in Nils' Klasse. Mit vierzehn Jahren ergriff Nils die Initiative, um auf sein Äußeres einzuwirken. Die Folgen, die sich hieraus für das weitere Mobbinggeschehen ergaben, waren anders, als Nils dies erwartet hätte.

Fallbeispiel Nach dem schnellen Abnehmen sowie einem Wachstumsschub wirkte Nils nun groß und schlank, ja fast etwas schlaksig. Diese Tatsache nahm sein Mitschüler, der ihn zuvor schon in der Freizeit gemobbt hatte, auf und hänselte ihn nun wegen seiner veränderten Figur. Nils fühlte sich zutiefst gekränkt und enttäuscht, er verstand die Welt nicht mehr. Hatte er doch aus eigener Kraft und von sich aus den offensichtlichen Auslöser für die Übergriffe seines Mitschülers beseitigt! Und trotzdem sollte er auch weiterhin das Opfer des Mobbings seines Mitschülers sein?

Wie kann denn das nur passieren? – überlegte er sich immer wieder. Seine beste Freundin bestärkte ihn in der Einsicht, dass er machen könne, was er wolle, und sich doch nie mehr etwas ändern würde. Der Täter hatte ihn nun einmal als Opfer ausgewählt und würde immer nach irgendeinem Anlass, einem Vorwand suchen.

In der weiteren Schulzeit kam es tatsächlich weiterhin in regelmäßigen Abständen zu Übergriffen durch den Mobber und ein paar weitere Schüler. Sie hänselten Nils mit seinem „völlig unerwarteten" Gewichtsverlust und seiner jetzigen Figur und unterstellten ihm die abenteuerlichsten Ursachen dafür. Plötzlich machte die Geschichte die Runde, dass Nils wohl „irgendwas Ansteckendes haben muss", da er sich so schnell und drastisch verändert habe. Der Mobbingtäter und viele der anderen Mitschüler erreichten, dass sich Nils in der Klasse nun vollkommen isoliert fühlte.

Isolation in der Klasse zermürbt

Er konnte einfach immer noch nicht verstehen, was der Mobber und die anderen Mitschüler zu ihrem Handeln veranlasste. Immer häufiger schafften es die beteiligten Mitschüler, verletzende Gerüchte in Umlauf zu bringen, wonach Nils sicher bald „tot umfallen würde" oder auch, dass er bei seiner Figur noch keine sexuellen Erfahrungen haben könne („Der ‚kann' vielleicht überhaupt nicht!").

Hinzu kam, dass Nils zu dieser Zeit in seinem Denken und seinen Interessen anders ausgerichtet war als die Mehrzahl der Mitschüler. Er befasste sich frühzeitig mit klassischer Musik und war für die Schönheit der Natur sehr aufgeschlossen. Deshalb verletzte ihn als sensibleren Menschen das brutale Verhalten der anderen noch viel mehr. Die abwegigen Gerüchte, die in der Klasse in Umlauf gebracht und auch beiläufig den Lehrern zugespielt wurden, konnte er überhaupt nicht komisch finden. Aber Nils sah sich zu dieser Zeit außer Stande, daran etwas zu ändern. Auch mit seinen Eltern sprach er zu dieser Zeit nicht über die Vorkommnisse.

Die Situation hatte sich in dieser Phase innerhalb der Schule deutlich verschärft. Aus den zuvor vereinzelt in der Freizeit aufgetretenen Mobbingübergriffen wurde nun regelmäßiger Schulalltag. Nils' Peiniger fuhren schwerere Geschütze auf, um ihn systematisch in seinem Selbstverständnis zu kränken. Nils konnte sich natürlich diese Vorgänge nicht mehr erklären. Dadurch sah er sich zu jenem Zeitpunkt auch nicht in der Lage, die Situation zu seinen Gunsten zu verändern. Von den Eltern wurde er nicht unterstützt und so lag es allein bei ihm, eine Veränderung herbeizuführen. Doch die ständigen Verletzungen hatten ihn der gesunden Fähigkeit beraubt, sich gegen andere Menschen zur Wehr zu setzen.

Fehlende Unterstützung durch die Eltern

Nils wurde umso leichter ein Opfer mobbender Mitschüler, weil er sich von seinen Eltern nicht unterstützt fühlte und sie ihn zu früh auf seine eigenen Fähigkeiten verwiesen hatten. Diese Fähigkeiten waren damals noch nicht hinreichend ausgebildet und konnten sich im weiteren Verlauf gerade wegen des Mobbings nicht weiter entwickeln. Nils fühlte sich mit und in seinem Körper zutiefst verunsichert und er fand keinen positiven Zugang zu seinem Entwicklungsstand.

■ **Elterntipp**   Wenn Ihr Kind sich in einem solchen Zustand an Sie wendet, dann müssen Sie alles an Verständnis aufbringen, was Ihnen zur Verfügung steht. Ihr Kind ist in dieser Phase seines Lebens zu jeder Selbstverletzung dieses ungeliebten Körpers bereit.

Es wird das Gefühl haben, sowieso nichts zu verletzen. Sollte Ihr Sohn oder Ihre Tochter – wie Nils – zu diesem Zeitpunkt noch keine sexuellen Erfahrungen haben, ist das alles andere als überraschend, denn es ist ihm/ihr kaum jemals möglich, sich körperlich anderen Menschen zu nähern. Wer könnte nach ständigen Herabwürdigungen durch das Mobbing der Mitschüler zu seinem Körper stehen und diesen Körper anderen Menschen zeigen wollen?

Hat sich ein grundlegendes Angstgefühl in Bezug auf die körperliche Entwicklung erst verfestigt, kann sich das Kind nicht mehr offen und ruhig und auch kritisch mit seinem eigenen Körper auseinander setzen. Sie müssen sich klar machen, dass sich Ihr Kind nur noch negativ von seinem Körper belastet fühlt. Vor allem müssen Sie all Ihre Kraft und Offenheit sowie eine ordentliche Portion Mut mobilisieren und möglichst schnell und umfassend zu erreichen suchen, dass sich durch Ihren positiven Zuspruch, durch die ständige Betonung der Normalität der Körperlichkeit, die grundlegend negative Einstellung Ihres Kindes umkehrt. Sicher keine leichte Aufgabe, aber eine, die Sie bestehen können, wenn Sie Ihr „Herz in die Hand" nehmen!

Stärkung der Kinder durch Kraft, Offenheit und Mut

Die Gesundheit des Kindes wird beeinträchtigt

Alle genannten Angriffe und die damit verbundenen Folgen für das gemobbte Kind schlagen sich zwangsläufig auf die Gesundheit nieder. Doch neben solchen gesundheitlichen Folgen (siehe Seite 120) kann es auch zu ganz direkten Beeinträchtigungen kommen. Der Mobbingprozess unter Kindern

Gewalt als Druckmittel

und Jugendlichen nimmt seinen Anfang sehr häufig mit der Androhung körperlicher Gewalt. Oftmals bleibt es aber nicht nur bei der Androhung, sondern der Gemobbte muss auch deren brutale Ausführung erleiden. Gewalt als Bedrohung und Druckmittel bleibt – nach typischer Erpressermanier – ständiger Begleiter. Solche direkten oder indirekten Angriffe verursachen unterschiedliche Gesundheitsstörungen. Äußerst problematisch ist, dass mögliche gesundheitliche Folgen von Mobbing unter Kindern und Jugendlichen oft nicht eindeutig zuzuordnen sind. Denn leider handelt es sich nicht um Symptome und Erkrankungen, die ausschließlich als Folge von Mobbing unter Kindern und Jugendlichen auftreten, sondern auch andere Ursachen haben können. Veranlagungen zu bestimmten Erkrankungen werden durch die Belastungen beim Gemobbtwerden verstärkt. Ein Kind, das zu Jugendasthma neigt, tendenziell allergisch überempfindlich reagiert oder häufig Magenschmerzen bekommt, wird die entsprechenden Symptome verstärkt zeigen, und zwar aufgrund äußerlicher Faktoren (feuchtkalte Luft, Staub oder Pollen, schwer verträgliches Essen), aber auch bei seelischen Auslösern (Angst vor einer Schulaufgabe oder vor dem Ertapptwerden, nachdem es etwas Wertvolles beschädigt hat, oder aber angesichts der Mobbingbedrohung und der damit verbundenen Demütigung).

Psychischer Stress und gesundheitliche Folgen

Psychischer Stress ist eine besonders schwere Belastung für die Gesundheit. Denn diese Hochspannung kann in der Regel dem menschlichen Körper nur kurzzeitig zugemutet und verkraftet werden, so etwa bei anstehenden Prüfungen oder anderem Leistungsdruck in Ausbildung und Beruf – oder eben auch bei außergewöhnlichen psychischen Belastungen wie Mobbing. Als Folge einer permanenten Belastung – vor allem, wenn es wie beim Mobbing im unerkannten Stadium keine Ausgleichsmöglichkeit durch Entspannung gibt – kann aus dem kurzzeitigen Stress ein Dauerstress werden, der zu erheblichen, ganz unterschiedlichen Schädigungen führt. Äußeres Anzeichen ist die ständige Unruhe des betroffenen Menschen.

Dauerstress mit gravierenden Folgen

Die Tragweite solcher gesundheitlichen Auswirkungen ist erheblich. Dies trifft im besonderen auf den Kontext Schule zu, denn schließlich befindet sich Ihr Kind während der Schulzeit in der bedeutendsten Entwicklungsphase seines Lebens. Gerade in dieser Phase, in der es unter anderem Selbstbewusstsein, ein Empfinden für die eigene Körperlichkeit, Toleranz und persönliche Fähigkeiten herausbilden soll, wird es durch Mobbing in Freizeit und Schule extremem Stress ausgesetzt. Die Folgeerscheinungen wie Angst, Hilflosigkeit und Überforderung machen es Ihrem Kind unmöglich, die seinem Alter entsprechenden Anforderungen zu bestehen.

Dieser Stress wird durch das Umfeld meist noch unbewusst verstärkt. Gerade bei Kindern erscheint es nämlich vielen unverständlich, dass hier psychischer Stress mit im Spiel ist. „Stress? Aber wieso denn – sie ist doch noch ein Kind!" Durch diese Einstellung erfahren die betroffenen Kinder – so beobachte ich es jedenfalls bei meinen Fällen – eine zusätzliche Stressbelastung, da ihnen niemand so recht glauben will.

Eltern benötigen ihren Kindern gegenüber also ein gutes Einfühlungsvermögen und eine besondere Wahrnehmungsfähigkeit dafür, woher die Belastung kommen könnte. Bedenken Sie immer wieder, dass psychischer Stress die verschiedensten körperlichen Symptome und Krankheitsbilder nach sich ziehen kann. Gerade wenn Ihr Kind das Opfer von Mobbing geworden ist, sollten die nachfolgenden Schilderungen Sie hellhörig machen.

Verstärkung bekannter körperlicher Reaktionen, Unruhe, Unkonzentriertheit

Bereits das Auftreten eines dieser Krankheitsbilder kann ein deutliches Warnsignal sein. Problematisch ist allerdings, dass manche Krankheiten erst nach vielen Jahren in Erscheinung treten. Dies gilt im Besonderen für die Erkrankungen der inneren Organe. Häufig wird dann verkannt, dass es sich um Spätfolgen von Mobbing unter Kindern und Jugendlichen handeln könnte.

Je besser Sie sich mit den Entwicklungsphasen Ihres Kindes auskennen, desto eher können Sie unübliche körperliche Symptome erkennen. Und machen Sie sich darauf gefasst, dass solche Symptome und Krankheiten von Lehrkräften, anderen Eltern oder dem behandelnden Arzt sehr schnell auf den allgemeinen Schul-, Freizeit- und Entwicklungsstress geschoben werden.

Unabhängig von den organischen Symptomen und Erkrankungen selbst spielen vor allem die Folgen eine besondere Rolle. Diese Folgeerscheinungen können Sie nämlich durch Ihr Verhalten im Umgang mit Ihren Kindern positiv beeinflussen. Das setzt natürlich voraus, dass Sie entsprechende körperliche Symptome und Erkrankungen als Zeichen für Störungen im Befinden Ihres Kindes erkennen. Die pädagogische Arbeit zeigt immer wieder, dass gerade das Ernstnehmen und Eingehen auf die jungen Menschen vonseiten der Eltern, der Lehrer oder anderer Personen, zu denen sie Vertrauen haben, zu einer deutlichen Verbesserung der Situation führt. Besonders wichtig ist eine frühzeitige Unterstützung.

Allgemeines körperliches Unwohlsein als Folge von Mobbing

Bedingt durch den Stress, dem das Mobbingopfer in Freizeit oder Schule ausgesetzt ist, entwickelt es ein Gefühl des allgemeinen Unwohlseins. Dies kann sich sehr unterschiedlich ausdrücken: beispielsweise durch eine ständige innere Unruhe oder auch durch häufig auftretende Kopfschmerzen. Leider lassen sich solche Befindlichkeit nur sehr schwer zuordnen. Häufig lässt sich beobachten, dass sich die Symptome mit fortschreitendem Mobbing verschlimmern und in andere psychische und physische Erkrankungen münden.

Die gesundheitlichen Belastungen nehmen bei anhaltendem Mobbing erheblich zu

Psychische Probleme als Folge von Mobbing

Der Druck, den ein Kind oder Jugendlicher als Opfer durch Mobbing erfährt, kann zu weit reichenden psychischen Problemen führen. Die ständigen seelischen Verletzungen gehören ebenso dazu wie der Verlust an Selbstwertgefühl oder, im schlimmsten Fall, der Absturz in Depressionen. Sie müssen sich vor Augen führen, welch ungeheure Belastung dies bedeutet. Denn gerade in der Phase der eigenen Entwicklung von Interessen und Fähigkeiten, dem Bewusstwerden der

Körperlichkeit sowie des Findens der eigenen Persönlichkeit und Rolle und Geschlechtsidentität sieht sich das Kind ständiger Verunsicherung ausgesetzt.

Suizidgefahr Im schlimmsten Fall kann das Mobbingopfer dem Druck überhaupt nicht mehr standhalten und versucht als letzten Ausweg, sich das Leben zu nehmen. In den meisten Fällen werden die psychischen Probleme jedoch in den Hintergrund gedrängt und äußern sich in körperlichen Erkrankungen. Die erfahrenen Verletzungen bleiben dem betroffenen Kind erhalten und begleiten es oftmals sein ganzes Leben lang.

Magen- und Darmprobleme als Folge von Mobbing

Es ist inzwischen allgemein bekannt, dass sich psychischer Stress auf die Schleimhäute des Magen- und Darmbereichs auswirken kann. Häufig kommt es zu ständigen Reizungen der Organe, die sich wie ein „Stressbarometer" verhalten können. Ist Ihr Kind hierfür anfällig und wird es in Freizeit oder in der Schule zum Mobbingopfer, dann verschlechtert sich sein Zustand mit ziemlicher Sicherheit. Fatal ist in solchen Fällen die Schlussfolgerung, dass wegen der einseitigen Ernährung der Kinder und Jugendlichen heutzutage nur der Magen ein wenig „durcheinander" sei. Bei intensiven Befragungen von Mädchen und Jungen hat sich gezeigt, dass diese Fehleinschätzung weit verbreitet ist und solche Symptome sehr häufig nicht ernst genommen werden. Für die weitere Entwicklung kann dies im schlimmsten Fall die Entstehung von chronischer Gastritis, Magengeschwüren oder anderen schwer wiegenden Magen- und Darmerkrankungen bedeuten. Auch Magersucht, mehr ein Problem der Nahrungsverweigerung als der gereizten Magenschleimhäute, tritt nicht selten als Mobbingfolge auf, vor allem bei Mädchen.

Kreislaufprobleme als weitere Folge von Mobbing

Gerade bei Kindern werden Kreislaufprobleme häufig noch nicht wahr und ernst genommen. In der Regel sind sie immer recht aktiv und die Eltern stufen mögliche Schwankungen deshalb als Folge dieser Umtriebigkeit ein. Doch häufig lassen Mobbingopfer in ihrer Aktivität nach – Antriebs- und Lustlosigkeit stellen sich verstärkt ein. Sie leiden unter den Folgen psychischer Schwankungen, denen ihr Körper ausgesetzt ist. Kreislaufprobleme sind hier „nur" die Ausdrucksform dieser Schwankungen. Wenn Sie bei Ihrem Kind solche Veränderungen wahrnehmen, schieben Sie das nicht vorschnell auf die üblichen Aktivitäten des Kindes, sondern beobachten Sie, in welchem Zusammenhang diese Schwankungen auftreten.

Fehlende Antriebskraft

Herzerkrankungen als spätere Auswirkung von Mobbing

Wie bereits mehrfach erwähnt, bedeutet Mobbing für Ihr Kind ein besonders hohes Maß an psychischem Stress. Diesem Stress ist auch das Herz als zentrales Organ des Körpers ausgesetzt. In Kombination mit Kreislaufveränderungen kann es zu Beschwerden am Herzen kommen. Sehr häufig entstehen leichte Herzrhythmusstörungen, welche von den Kindern als solche oft nicht bewusst wahrgenommen werden, sich aber im weiteren Verlauf ihres Lebens manifestieren können. Die ständige Angst, in der sich Opfer von Mobbing befinden, kann zudem zu starkem Herzklopfen, hohem Blutdruck oder sogar zu Herzschmerzen führen. Im schlimmsten Fall kommt es in der weiteren Entwicklung zu Dauerschäden am Herzen, die in späteren Jahren auch Auslöser eines Herzinfarkts sein können.

Unpräzise Symptom-beschreibung

Auch hier liegt es an Ihnen, genau auf mögliche Veränderungen Ihres Kindes zu achten. Die pädagogische Praxis hat gezeigt, dass Kinder ihre Beschwerden oftmals nicht genau benennen können, denn sie nehmen sie nur als unbestimmtes Unwohlsein und vage Missempfindung wahr. Aufmerksames Beobachten ist also besonders wichtig. Nur so können die Krankheitsbilder dennoch sichtbar und damit auch die Ursache behandelt werden.

Krebserkrankungen als mögliche Spätfolge von Mobbing

Es gilt heute als gesichert, dass dauerhafter psychischer Stress und ein oftmals damit verbundenes unerfülltes Leben zu Krebserkrankungen führen können. Das Problem in seiner ganzen Tragweite zu erkennen, ist äußerst schwierig. Wer denkt schon daran, dass eine so schlimme Erkrankung wie Krebs bereits im Kindesalter begünstigt werden könnte! Aber es nutzt nichts, die Augen vor dem Problem zu verschließen. Gerade so ernste mögliche Spätfolgen sollten Sie motivieren, sich intensiv um Ihr Kind zu kümmern, auf leise Anzeichen zu achten, Ihrem Mobbingverdacht nachzugehen und gegebenenfalls beherzt zu handeln.

Allergien als häufige Folge von Stress, Angst und Mobbing

Auch Allergien können als Folge von Mobbing auftreten. Dabei handelt es sich natürlich vor allem um solche Allergien, für die bereits eine gewisse individuell unterschiedliche Anfälligkeit besteht und die durch psychischen Stress begünstigt werden. Machen Sie sich die Mühe und achten Sie bei auftretenden Allergien genau auf die begleitenden Umstände. Häufig werden beispielsweise Hautreaktionen oder chronischer Schnupfen vorschnell allein auf veränderte Umweltbedingungen zurückgeführt, denen Ihr Kind ausgesetzt ist. Die Tatsache, dass vielleicht Mobbing in Freizeit oder Schule als Auslöser mit im Spiel sein könnte, wird meist übersehen. Denn als Mobbingopfer ist Ihr Kind neben dem Allergiestress auch noch dem Stress der Mobbingattacken ausgesetzt – und beides bewirkt eine Verstärkung der Allergiesymptome.

Die gesundheitlichen Auswirkungen durch Mobbing unter Kindern und Jugendlichen sind also äußerst vielfältig. Häufen sich zum Beispiel bei Ihrem Kind Kopfschmerzattacken oder Essstörungen, Hautallergien oder Magenschmerzen, Zyklusschwankungen oder Schwächezustände – um nur ein paar Beispiel zu wiederholen –, dann werden Sie mit Ihrer Tochter oder Ihrem Sohn selbstverständlich einen Arzt oder eine Ärztin aufsuchen. Achten Sie darauf, dass die Symptome nicht allein unter dem Aspekt schulmedizinischer Ursachenermittlung betrachtet werden, sondern loten Sie möglichst schon vor dem Arztbesuch die schulische und psychische Situation in vertrauensvollen, geduldigen Gesprächen mit Ihrem Kind aus.

Medizinische Diagnose

Die Beteiligten und ihre jeweilige Rolle

Im Folgenden werden die Rollen von Kindern und Eltern genauer beschrieben. Am Ende dieses Kapitels erhalten Sie einen kurzen Überblick darüber, wie Sie auf Mobbinganzeichen oder sichtbares Mobbing reagieren können. Außerdem lernen Sie aus Sicht der pädagogischen Arbeit mit Mädchen und Jungen, welche Unterstützungsmaßnahmen Ihr Kind davor bewahren können, von Mitschülern gemobbt zu werden.

Welche Rolle spielt Ihr Kind?

In mehreren Büchern zum Thema Mobbing werden die Gründe, warum jemand zum Opfer von Mobbing wird, vorwiegend bei den Opfern selber gesehen. Diese Einschätzung greift jedoch zu kurz, wenn sie die Opfer als Außenseiter betrachtet, die zur Zielscheibe anderer Kinder und Jugendlicher werden. Die Folgerung daraus wäre ein allzu simples Rezept: Verhalte dich nicht als Außenseiter, und du wirst nicht von den anderen gemobbt! Weit gefehlt!
Ausführungen über die Täter beim Mobbing in Freizeit und Schule fehlen in der Literatur fast völlig. Dies ist Ausdruck einer aktuellen gesellschaftlichen Entwicklung: Es ist leichter, dass „Fehlverhalten" am Opfer festzumachen, ohne dabei zu hinterfragen, wer dem Täter das Recht einräumt, einen anderen Menschen zu mobben.
Die Erfahrung zeigt, wie sehr Mädchen und Jungen leiden,

Keine Entschuldigung in der Person des Opfers

wenn sie vom Aussehen, Denken oder Fühlen her nicht den Interessen der anderen entsprechen und deshalb glauben, aus diesem Grund gemobbt und als Außenseiter abgestempelt zu werden. Dabei sind solche äußerlichen Anlässe in der Regel nicht mehr als ein Vorwand für die bereits von sich aus gewaltbereiten Täter.

Außenseiter gibt es nicht – nur Individuen

Sie müssen sich von dem Glauben frei machen, Ihr Kind könnte durch Ihre Beschäftigung mit dem Thema Mobbing zum Außenseiter werden oder gar a priori ein Außenseiter sein. Kein Kind ist von sich aus ein Außenseiter! Nur wenn wir zu dieser inneren Einstellung kommen, geben wir den Tätern unter den Kindern und Jugendlichen nicht weiterhin eine Chance und eine „logische" Entschuldigung an die Hand.

Gelingt dies nicht, ergeben sich zwei Gefahren: Im gesellschaftlichen Kontext bedeutet dies, dass Sie als Eltern – ebenso wie viele andere – die Außenseiterrolle der Mobbingopfer weiter verfestigen. Die zweite Gefahr besteht darin, dass Sie die Kinder und Jugendlichen aus den Fallbeispielen dieses Buches ganz einfach als Außenseiter betrachten mit der fatalen Folge, dass Sie glauben, all dies könnte für Ihr Kind ja nicht zutreffen, weshalb es auch kein Opfer von Mobbing unter Kindern und Jugendlichen sein kann. Zweimal falsch! Sie sollten vielmehr ein Gefühl dafür entwickeln, was Ihr Kind in der Rolle des Opfers oder auch des Täters zu bewältigen hat, wo die Auslöser und Beweggründe festzumachen sind und welche erzieherischen Defizite womöglich dazu beitragen.

Ihr Kind als Mobbingopfer

Es gibt zahlreiche Gründe, warum Ihr Kind sich in der Mob-
bingopfer-Rolle befinden kann. Besondere Eigenschaften und
Verhaltensweisen Ihres Kindes können dem Täter als willkom-
mener Anlass dienen. Ebenso ist es möglich, dass bestimmte
Interessen und Fähigkeiten Ihr Kind in die Rolle des Mobbing-
opfers drängen. Aber auch Ihr eigener erzieherischer Umgang
mit Ihrem Sprössling kann ein Grund sein, warum sich Ihr Kind
dem Mobbing seiner Freunde oder Mitschüler ausgesetzt
sieht. Wenn Sie Ihr Kind zu ängstlich umsorgt und an der Entfaltung eines starken Selbstbewusstseins gehindert haben,
wird es den Angriffen unverfrorener Mobber in seiner Klasse
oder seinem sozialen Umfeld wehrlos ausgeliefert sein.

Auslöser von Mobbing

Auch besondere Umstände innerhalb der Schule (Gruppen-
konstellation innerhalb der Klasse oder Gleichaltrigengruppe, das Verhalten einer Lehrkraft) können das Gemobbtwerden Ihres Kindes begünstigen. Doch welche Gründe auch zum
Mobbing führen – Ihr Kind erleidet immer einen störenden, ja,
zerstörenden Eingriff in die eigene Entwicklung. In den Entwicklungsphasen von Mädchen und Jungen im Alter von 6 bis
16 Jahren werden besonders prägende Entscheidungen für
das zukünftige Leben der Heranwachsenden getroffen.

Leider lässt sich inzwischen beobachten, dass der Einstieg in
Mobbing unter Kindern immer früher, ja, bereits im Kindergar-
tenaltersbereich erfolgt. Das soziale Mit- bzw. das Gegeneinander scheint bei Mobbing also altersübergreifend gestört zu
sein; Anzeichen können bereits in der frühen Kindheit vorliegen.
Jedes Kind muss sich eine eigene Identität erarbeiten, es

muss sich mit seiner geschlechtlichen Rolle als Mädchen oder Junge auseinander setzen und seine eigenen Fertigkeiten und

Fähigkeiten erkennen lernen. Auch der Umgang mit Erwachsenen unterliegt einem Lernprozess. Bis zum zehnten Lebensjahr ist der Kontakt zwischen Kind und Erwachsenem noch geprägt von der ständigen Fürsorge und dem Verständnis der Eltern für die Situation des Heranwachsenden. Im Anschluss daran beginnt eine Phase, in der sich das Kind aktiv mit der Rolle der Erwachsenen auseinander zu setzen beginnt. Es macht nun die Erfahrung, viel häufiger mit seinen Wünschen und Vorstellungen anzuecken. Vieles, was als Kleinkind bei Erwachsenen noch leicht durchzusetzen war, ist nun nicht mehr so leicht oder aber überhaupt nicht mehr möglich. In der Auseinandersetzung mit dem Handeln und Denken der Erwachsenen entwickeln Kinder ihre eigenen Positionen und Ansichten und bilden so ihre eigene Identität aus.

Machen Sie sich klar, welche Störungen durch das Mobbing seitens anderer Kinder und Jugendlicher Ihr Kind in dieser Phase erlebt. Es wird von Gleichaltrigen permanent auf unterschiedlichste Weise verletzt und in den Möglichkeiten zur Umsetzung seiner Entwicklungsaufgaben behindert.

Das Kind kann seine die eigenen Interessen, Gefühle und Ängste betreffenden Erfahrungen nicht frei umsetzten, da es sich ständig den Störungen durch andere ausgesetzt sieht. So wichtig in diesem Alter das Lernen innerhalb von gleichaltrigen Gruppen ist, so problematisch ist das Mobbing durch gleichaltrige Mitschüler innerhalb der Schule bzw. Freunde im sozialen Umfeld. Denn die Verunsicherung, die jedes Kind von Natur aus verständlicherweise in dieser Entwicklungsphase verspürt, wird durch das Mobbing noch um ein Vielfaches verstärkt. Kinder müssen in dieser Phase ihres Lebens aber erfahren können, was hinter all den körperlichen, geistigen und emotionalen Veränderungen steckt.

Mobbing durch Altersgenossen hindert ein Kind in seinen Entwicklungsaufgaben. Es erfährt Angst bei der Vorstellung, sich in seinem Verhalten und mit seinen Ansichten vor seinen Freunden oder Mitschülern erklären zu müssen. Die weitere Entwicklung gleicht einer nicht enden wollenden Spirale. Interessen, Fähigkeiten und Verhaltensweisen, die nicht den willkürlich gewählten, meist primitiven Vorstellungen des Täters entsprechen, können sich nicht mehr entfalten, sondern werden durch das Mobbing in Schule oder Freizeit ständig negativ belegt. Im Kind angelegte Talente und individuelle Eigenschaften können sich nicht entfalten, es kann nicht zu sich selbst stehen. So gelangt das Kind nach und nach zu dem Schluss, nicht „normal" zu sein. Es fühlt sich selbst als Außenseiter. Mögliche Begründungen für das vermeintliche „Fehlverhalten" suchen Kinder dann bei sich selbst und nicht beim eigentlich Schuldigen.

Fehlende Entfaltungs- möglichkeiten

Ihr Kind als Mobber

Möglicherweise wird Ihr Kind selbst zum Täter. Die Gründe sind vielfältig, laufen aber immer auf eines hinaus: Machtaufbau durch Aggression.

Die Anlässe, andere Mädchen oder Jungen zu mobben, können vielfältig sein: Das Kind hat vielleicht zu einem früheren

Zeitpunkt erfahren, wie „lustig" es sein kann, andere Menschen unter Druck zu setzen. Möglicherweise hat es ein entsprechendes schlechtes Beispiel an Erwachsenen gesehen. Oder es hat einmal erfolgreich kleinere Kinder drangsaliert. Ihr Kind verschafft sich dadurch Respekt in seinem Umfeld oder in der Schulklasse und erfährt, was es heißt, auf diesem Weg an Einfluss zu gewinnen. Womöglich erhält es auch von Ihnen als Eltern zu wenig Bestätigung und versucht, sein Selbstbewusstsein durch die Erniedrigung anderer Kinder zu erhöhen. Oftmals werden Kinder auch darin bestärkt, andere Gleichaltrige zu mobben, wenn sie die Erfahrung machen, dass solches Verhalten nicht weiter bestraft, sondern unter bestimmten Umständen sogar gelobt wird. Und wie beim Opfer greifen die Erlebnisse auch in die Entwicklung des Täters

Folgen für die Täter ein und prägen diese nachhaltig.

Dabei sind die persönlichen Folgen hier nicht annähernd so gravierend wie die für die Opfer, doch darf man auch sie nicht leichtfertig abtun. Denn die Erfahrungen, die ein Kind als Mobber in Freizeit und Schule macht, prägen seinen weiteren Lebensweg und verhindern das Lernen wichtiger sozialer Kompetenzen wie Kooperation, Toleranz und Kommunikation. Durch sein Tun erhält das Kind den bleibenden Eindruck, dass alle diese Kompetenzen unnötig sind, wenn man sich nur mit Gewalt behaupten und durchsetzen kann. Es wäre in diesem Zusammenhang gewiss interessant, nachträglich das schulische Verhalten rücksichtslos dominanter Erwachsener zu erkunden. Gefürchtete Kasernenhofschleifer, tyrannische Chefs, intrigante Schwätzer und brutale Ellenbogentypen haben ihre Verhaltensmuster gewiss nicht erst als Erwachsene erworben, sondern vermutlich bereits an Gleichaltrigen in der Schule erprobt.

Bewahren Sie Ihr Kind davor, sich zu einem so unerfreulichen Erwachsenen zu entwickeln! Lassen Sie ihm die Wertschätzung zuteil werden, die es zur Entwicklung eines gesunden Selbstwertgefühls braucht, und zeigen Sie ihm, dass es kein rühmlicher Weg ist, sich selbst größer zu machen, indem man andere erniedrigt.

Weitere Einflussfaktoren

Auf manche Faktoren, die das Mobbing unter Schülern zusätzlich verstärken, haben Sie als Eltern nur bedingt oder gar keinen Einfluss. Ein Aspekt ist das jeweilige Verhalten der Mitschüler gegenüber den beteiligten Akteuren. Wie bereits erwähnt, suchen viele einem möglichen Konflikt aus dem Weg zu gehen und überlassen das gemobbte Kind seinem Schicksal. Häufig wird das Mobbing durch die Gruppe verstärkt, indem diese sich hinter dem Mobber sammelt und ein gemobbtes Kind sozial isoliert. Die Gruppe wirkt also dabei mit, das Opfer zum Außenseiter zu stempeln.

Wirkung der Gruppe

Auch durch das Verhalten der Lehrkräfte oder Eltern kann sich die Situation weiter verschlechtern. Lehrer haben persönlich gefärbte Vorstellungen (wenn nicht gar Vorurteile) von den einzelnen Mädchen und Jungen. Diese Vorstellungen wirken sich natürlich auf den Umgang mit den Schülern aus. Ein Lehrer kann durch seine Art des Umgangs einen Schüler zwar nicht absichtlich, aber doch unterschwellig zum vermeintlichen Außenseiter stempeln. Er führt anderen Mitschülern die negativen Eigenschaften des betreffenden Schülers vor und setzt ihn somit dem Mobbing aus oder gibt unbewusst jenen Recht, die den Schüler bereits mobben.

Wenn Eltern eines Täters das Verhalten ihres Kindes leugnen oder die Ursache wieder nur beim Opfer sehen, kann dies ähnliche Wirkungen haben.

Fallbeispiel   Im Laufe der achten Klasse in der Realschule äußerte sich einer von Tims Mitschülern zunehmend beleidigend über ihn. Zum Anlass nahm er dessen körperliches Erscheinungsbild sowie im besonderen Maße die Tatsache, dass Tim in der Klasse eigentlich nur mit Mädchen freundschaftlichen Kontakt hatte. Am Anfang standen verbale Übergriffe. Der Mitschüler betitelte ihn als „Weichling", der nur mit Mädchen zusammen sein könne. Tim wurde von dem Mitschüler im Unterricht gehänselt und beleidigt. Leider hatte auch der Klassenlehrer wenig Verständnis für die Nähe von Tim zu seinen Mitschülerinnen. Vielmehr übertrug er sein eigenes Rollenverständnis von Jungen auf Tim und steckte ihn durch verbale Äußerungen in eben diese „Schublade", welche auch Tims Mitschüler schon geöffnet hatten. Der Mobber fühlte sich zusätzlich bestätigt, Tim dagegen war zutiefst verunsichert und konnte sich weder verbal noch körperlich mit seinem Mitschüler messen. Im weiteren Verlauf der Schulzeit suchte sich der Mobber zwei Verbündete. Zu dritt hänselten sie nun Tim ständig während des Unterrichts, wobei das Mobbing durch die Mitschüler noch an Stärke zunahm. Auf dem Pausenhof wurde er ausgelacht, weil er immerzu nur bei den

Mädchen stand. Durch verbale Beleidigungen wie „Memme", „weibisch" und „Schwächling" sowie Gesten (abwertendes Auf-ihn-Zeigen) wurde er systematisch in die Ecke getrieben. Tim sah sich der ständigen und ungerechtfertigten Abwertung durch seine Mitschüler ausgesetzt. Die Peiniger durchwühlten seine Schulsachen, weil sie meinten, etwas „Unnatürliches" darin zu entdecken. Die Mädchen, mit denen Tim einen recht guten Kontakt hatte, äußerten sich sehr selten zu den Vorkommnissen. Wenn sie es doch einmal taten und Partei für Tim ergriffen, bot das den mobbenden Mitschülern nur noch mehr Anlass, in neue Attacken einzusteigen. Sie zogen ihn damit auf, dass er sich jetzt schon „von Mädchen" helfen lassen müsse. Tim war von sich aus nicht in der Lage, seine Probleme gegenüber seiner Mutter zu äußern. Die Verunsicherung über seine eigene Entwicklung und die Art, wie seine Mitschüler diese bewerteten, nahm ihm jegliches Selbstvertrauen, zu sich zu stehen.

Systematisches Vorgehen des Mobbers

Wieder ist die Erscheinung des Opfers der Anlass für Mobbing. Zudem wird Tim angegriffen, weil er vorwiegend Kontakt zu den Mädchen in der Klasse pflegt. Die Ausdrucksformen des Mobbens haben im Verlauf der Schulzeit eindeutig zugenommen. Er wird öffentlich beleidigt und erniedrigt, kann sich nicht mehr frei und ungezwungen in der Schule und auf der Straße bewegen und fühlt sich in seinem Verhalten vollkommen verunsichert. Dabei tut Tim doch nur etwas, was für sein Alter gar nicht unüblich ist: Er sucht verstärkt den Kontakt zum anderen Geschlecht. Bei Tim setzt das Empfinden ein, dass er sich im Umgang mit den Mädchen besser aufgehoben

Bedeutung der Sexualität

fühlt. Er beginnt sich persönlich neu zu orientieren und seine Sexualität erwacht. Seine Orientierung prägt entsprechend sein Auftreten. Er fühlt sich in der Gesellschaft der Mädchen besser, weil er ihnen nicht imponieren muss und weil sie Stärkegehabe eher komisch finden.

Andererseits beginnt Tim zu fühlen, dass er sexuell das eigene Geschlecht favorisiert. Er ist sehr feinfühlig und interessiert sich für Dinge des täglichen Lebens, an die seine Mitschüler nicht einmal denken. Für ihn müssen die Beschimpfungen und Verletzungen durch seine Peiniger in dieser Zeit fast unerträglich sein. Jungen aus seinem direkten Umfeld stempeln ihn als Sonderling ab – und gleichzeitig soll er sich mit seiner eigenen Persönlichkeit identifizieren! Bereits zu dieser Zeit wird verfestigt, was ihm noch heute das Zusammenleben mit anderen Menschen schwer macht: Er ist zunehmend gehemmt und kann nicht offen auf andere Menschen zugehen, insbesondere nicht auf Männer. Ihm wird die Möglichkeit genommen, sich mit anderen unbefangen über seine Gedanken, Gefühle und Ängste auszutauschen. Vielmehr fühlt er sich ganz auf sich alleine gestellt.

■ **Elterntipp**

Lassen Sie Ihr Kind nicht allein! Wenn Sie Ihrem Kind gegenüber aufmerksam sind, ein „offenes Ohr" zeigen und sich bestimmt, aber nicht einengend verhalten, dann können Sie es auch in solch einer Situation auffangen und unterstützen. Sehr oft wird durch Mobben einem Kind das Selbstvertrauen schon früh genommen. Stärken Sie Ihr Kind von Anfang an. Vermitteln Sie ihm, zu sich, seiner Person und seinem Handeln zu stehen – auch das ist ein Lernprozess! Machen Sie Ihrem Kind klar: Sie als Eltern akzeptieren es und wollen sich gerne mit ihm beschäftigen. Wenn Sie Ihrem Kind dies als Grundvertrauen mit auf den Weg geben, dann ist es gut vor Mobbingangriffen geschützt. Gleichzeitig hat es die Chance zu lernen, sich zu verteidigen und sich zu wehren. Das macht es auch Mitschülern leichter, sich auf die Seite des Opfers zu stellen, wenn sie merken, dass es bereit ist zu kämpfen.

Geben Sie Ihrem Kind das Gefühl, dass sein Zuhause sein Schutzraum ist, in dem es Kraft tanken kann und in seiner Persönlichkeit gestärkt und respektiert wird. Dann wird Ihr Kind in der Lage sein, sich gegen mobbende Mitschüler und andere Gleichaltrige zu wehren. Sprechen Sie auf jeden Fall auch mit den wichtigsten Lehrern und klären Sie, wie sie sich zukünftig verhalten werden.

Schutzraum Elternhaus

Wie schon erwähnt, können Lehrer – bewusst oder unbewusst – die Mobbingsituation noch verstärken. Umgekehrt kann ein Lehrer einen Schüler oder eine Schülerin so behandeln, dass er oder sie für Mobber unangreifbar wird. Das heißt natürlich nicht vordergründiges Lob für gutes Lernen! Aber ein Lehrer kann durch sein Verhalten einem Schüler gegenüber Wertschätzung signalisieren und zeigen, dass er ihn ernst nimmt und in seiner Persönlichkeit akzeptiert.

Wie Lehrer können auch Sie im ungünstigen Falle das Mobbing durch Gleichaltrige mit Ihren eigenen Reaktionen Ihrem Kind gegenüber noch verstärken, und zwar insbesondere dann, wenn Sie selbst Ihr Kind über bestimmte Verhaltensweisen in die Außenseiterrolle drängen. Überhaupt hat es verheerende Folgen, wenn Ihr Kind als Mobbingopfer in Ihnen keinen toleranten, verständnisvollen Ansprechpartner findet, sondern eher das Gefühl haben muss, dass auch Sie einen Teil der Schuld an seinem Martyrium in ihm suchen. Deshalb ist es ganz besonders wichtig, dass Sie sich Ihrer Rolle in dem Spannungsfeld zwischen den Mobbingvorgängen und der Situation Ihres eigenen Kindes bewusst werden.

Welche Rolle Sie als Eltern spielen

Im Zusammenhang mit Mobbing unter Kindern und Jugendlichen lassen sich für die Rolle der Eltern insgesamt vier unterschiedliche Bereiche benennen, die für die Vorbeugung gegen und den Umgang mit Mobbing unter Gleichaltrigen besonders wichtig sind:

Vorbeugung

- Vorausschauende Erziehung ist die beste Vorbeugung.
- Zeigen Sie Offenheit in allen Entwicklungsphasen Ihres Kindes!
- Bei allen Problemen Ihrer Kinder sollten Sie Verständnis, Geduld und Toleranz beweisen.
- Signalisieren Sie Bereitschaft zum aktiven Eingreifen – und leisten Sie dann auch wirklich Hilfe!

Von Ihnen wird eine hohe Kompetenz im Umgang mit Ihren Kindern erwartet. Was dies im Einzelnen für Sie bedeutet, erfahren Sie im folgenden Kapitel. Eine Garantie dafür, dass Ihre Kinder damit gegen Mobbing gefeit sind, bieten diese Maßnahmen aber leider nicht. Und wenn Sie selbst sich damit überfordert sehen, scheuen Sie sich nicht, beratende oder auch therapeutische Hilfe in Anspruch zu nehmen.

Was können wir tun?

Sie wissen nun, wie Mobbing abläuft und welche Ebenen des täglichen Lebens dadurch beeinträchtigt werden können. Auch über grundlegende Präventions- und Interventionsmöglichkeiten sind Sie informiert und haben die Bedeutung des Umgangs zwischen Eltern und Kindern kennen gelernt. Im Folgenden geht es grundlegend darum, wie Sie Ihr Kind vor Mobbing schützen können und wie Sie Ihr Kind während eines Mobbingprozesses helfend und unterstützend begleiten.

Vorbeugen durch vorausschauende Erziehung ☐ **Info**
Ihr Kind braucht im Verlauf seiner Entwicklung vielfach erzieherische Unterstützung. Oftmals beschränkt sich diese jedoch auf das Aufstellen eindeutiger Regelungen und ist nicht wirklich unterstützende, weit reichende Erziehung. Im Zusammenhang mit Mobbing unter Kindern und Jugendlichen muss Ihr Kind aber unbedingt einige grundlegende Fähigkeiten erlernen. Den Grundstein hierfür legen Sie mit vorausschauender Erziehung.
Selbstwertgefühl ist eine dieser Fähigkeiten. Durch einen offenen Umgang mit den besonderen Eigenschaften, Interessen und auch Eigenarten vermitteln Sie Ihrem Kind, dass es zu sich, zu seiner Person stehen kann. Ihr Kind soll erfahren, dass es so, wie es ist, in Ordnung ist, dass es um seiner selbst willen von Ihnen geliebt und geschätzt wird. Diese Sicherheit schützt oftmals vor Angriffen von außen.
Eine weitere wichtige Fähigkeit ist Toleranz. Ihr Kind kann in

seinem Leben nur dann Toleranz beweisen und sich selbst und anderen gegenüber aufbringen, wenn Sie sie ihm im Rahmen der Erziehung vermitteln. Seien Sie Ihrem Kind ein Vorbild und zeigen Sie, was Toleranz im Umgang mit sich selbst und anderen Menschen bedeutet. Thematisieren Sie es, wenn Ihr Kind oder andere in Ihrer Anwesenheit abwertend über andere Menschen sprechen. Zeigen Sie Ihrem Kind, dass pauschales Abwerten zu engstirnigen Vorurteilen führt, mit denen der betreffende Mensch unangemessen, ungerecht und unqualifiziert beschrieben wird.

Bewusste Erziehung mit eindeutigen Spielregeln

Weiterhin benötigt Ihr Kind die Fähigkeit, Konflikten auf eine vernünftige Art und Weise begegnen zu können. Auch dafür geben Sie Ihrem Kind die Grundlagen mit auf den Weg. Zeigen Sie zum einen, was Streitkultur innerhalb der Familie bedeutet. Tauschen Sie sich zum anderen aktiv mit Ihrem Kind darüber aus, welche Konflikte im täglichen Umgang entstehen können und wie es diesen sinnvoll begegnet.

Die Vermittlung all dieser Fähigkeiten bedeutet, Ihrem Kind noch eine weitere, absolut notwendige Fähigkeit mit auf den Lebensweg zu geben: die Fähigkeit, mit anderen zu kommunizieren. Das Kind lernt, sich aktiv und in geeigneter Form mit anderen Kindern, aber auch mit Erwachsenen zu unterhalten. Ihr Kind muss lernen, eigene Empfindungen, Vorstellungen, Wertungen, Meinungen verständlich und selbstbewusst zu artikulieren, seinen Standpunkt zu vertreten, aber auch auf die Ansichten anderer einzugehen, also auch zuhören zu können. So gerüstet, wird Ihr Kind in schwierigen Lebensumständen, wie sie Mobbing unter Kindern und Jugendlichen darstellt, in der Lage sein, sich anderen anzuvertrauen.

Durch vorausschauende Erziehung werden grundlegende Fähigkeiten zum Schutz vor Mobbing unter Kindern und Jugendlichen vermittelt. Neben der Erziehung als Ganzer kommt es im besonderen Maße auf Umgang und Kommunikation mit Kindern an. Dazu nochmals zurück zu Maria:

Fallbeispiel

In der verbleibenden Schulzeit an der Grundschule musste Maria weit reichende Übergriffe durch ihre Mitschülerinnen durchleben. Die Hänseleien wegen der Brille setzten sich zunächst fort. Doch mit der Zeit wurde das der Schülerin, von der das Mobbing ursprünglich ausging, zu langweilig. Sie dehnte ihre Attacken aus. Eines Tages fand sie im Sportunterricht ein ganz neues Thema. Die Mitschülerin hänselte und ärgerte Maria mit der Feststellung, dass nicht die Brille an ihren Problemen beim Sport schuld sei, sondern ihre Figur. Das Mädchen rief Maria zu, sie sei eine „Kugel" und könne deshalb beim Sport nicht gut sein. Die Täterin hingegen war, wie schon gesagt, eine exzellente Sportlerin und spürte, dass Maria dem nichts entgegenzusetzen vermochte. Viele der anderen Mitschüler lachten Maria aus und machten anzügliche Bemerkungen. Maria fühlte sich vor der Klasse bloßgestellt. Eigentlich hatte sie sich bis dahin nie Sorgen um ihre Figur gemacht. Sie empfand sich nicht als Schönheit, doch sie kam mit ihrer Figur gut zurecht. Bis zu dem Vorfall hatte sie eine positive Einstellung zu ihrer Körperlichkeit gehabt.

Mobbing als Auslöser von Selbsthass

Doch nun war Maria sichtlich verunsichert, was die anderen Mitschülerinnen auch spüren konnten. Die Mobberin weitete ihre Übergriffe noch mehr aus. Maria sah sich ständig ihren Angriffen ausgesetzt. Die Mitschülerin hänselte und beleidigte Maria immer wieder während des Unterrichts, auf dem Pausenhof und auf dem Schulweg. Dabei wurde sie wieder mit Schimpfwörtern wie „Klößchen" und „Möpschen" belegt. Von ihren Mitschülern erhielt sie kaum Unterstützung. Die meisten fanden es nur lustig und lachten über Maria.

Nur wenige Kinder aus ihrer Klasse gaben ihr zumindest zu verstehen, dass sie keineswegs dick oder hässlich sei. Das half ihr jedoch kaum. Maria fühlte sich alleine gelassen und in der Klasse isoliert. Sie sprach das Thema zu Hause an mit dem Ziel herauszufinden, was sie an der Situation verändern *Beeinträchtigtes* könnte. Aber ihre Eltern waren auch diesmal der Meinung, *Klima im* dass es sich nur um einen gewöhnlichen Spaß unter Schülern *Elternhaus* handele, und gaben ihr den Rat, die gehässigen Mitschülerinnen einfach zu ignorieren und abzuwarten, da sich alles mit der Zeit sowieso erledigen würde. Marias Figur sei schon in Ordnung. Maria musste sich also alleine der Situation stellen. Sie fühlte sich alleine gelassen und ohne Unterstützung durch die Eltern.

Am Ende der Grundschulzeit spitzte sich die Situation mit der Mitschülerin zu. Mehrmals wurde Maria von ihr in der Klasse, auf dem Pausenhof und auf dem Schulweg geschubst und gestoßen. Dabei wurden ihr gleichzeitig Schimpfwörter nachgerufen. Die schlimmste Situation ergab sich dann am Ende des letzten Grundschuljahres. Auf dem Heimweg wurde Maria wieder von der Mitschülerin gehänselt und gestoßen. Einige andere Kinder liefen neben ihr her und witzelten über sie. Plötzlich stolperte Maria, fiel auf den Boden und schlug sich ein Knie auf. Die Mitschüler lachten sie nur aus und gingen einfach weiter. Maria erzählte zu Hause nur, dass sie auf dem

Heimweg gestolpert sei. Von den vorangehenden Vorfällen in der Schule erwähnte sie ihren Eltern gegenüber nichts mehr.

Dieses Beispiel zeigt drastisch, wohin es führt, wenn die Berichte eines Kindes über erlittene Drangsalierungen nicht ernst genommen werden. Nachdem ich mit Kindern längere Zeit gearbeitet habe, spreche ich oft mit ihren Eltern. Die Kinder wünschen häufig, dass ich die Situation zu Hause klären helfen soll. Dabei stelle ich immer wieder fest, dass die betreffenden Eltern überhaupt nicht wissen, was „da draußen" mit ihren Kindern passiert.

Maria hatte sich wegen der Vorkommnisse in der Schule mehrfach an ihre Eltern gewandt. Diese behandelten ihre Erzählungen als Alltäglichkeiten im Umgang zwischen Kindern. Sie sahen sich nicht veranlasst, etwas zu unternehmen. Vielmehr gaben sie Maria das Gefühl, als würde sie nur überempfindlich reagieren und all dem zu viel Bedeutung beimessen. Maria fühlte sich beleidigt und verletzt. Die Mitschülerin und die anderen Kinder, die sich lustig machten, vermittelten Maria das Gefühl, unförmig und unbeholfen zu sein. Die ständigen Attacken auf ihre Person führten zu großer Verunsicherung. Maria verlor nach und nach das Vertrauen zu sich selbst und büßte mehr und mehr ihr ursprünglich vorhandenes Selbstbewusstsein im Umgang mit ihrem Körper ein. Und sie verlor ihre Fähigkeit zu träumen. Sie konnte sich nicht mehr fallen lassen, den Alltag und den Stress nicht mehr hinter sich lassen. War sie am Anfang noch mit ihrer Figur und mit der Brille einverstanden gewesen, so hasste sie am Ende beides. Durch die Vorkommnisse in der Grundschule wurde Marias

Folgen fehlenden elterlichen Verständnisses

Selbstbewusstsein dauerhaft gestört. Zudem führten die ständigen psychischen Verletzungen dazu, dass es ihr in der weiteren Entwicklung schwer fallen sollte, zu sich selbst zu stehen.

Neben den eigentlichen Verletzungen durch die Mobberin musste Maria zwei weitere erhebliche Enttäuschungen verarbeiten: Ihre Mitschüler, mit denen sie in der Freizeit teilweise viel unternahm, waren ihr bei der Auseinandersetzung mit der Mitschülerin keine große Hilfe. Dabei hatte Maria sich so oft gewünscht, dass einige der Mitschüler offen zu ihr gehalten hätten. So aber kam es zu dem Gefühl der Isolierung innerhalb der Klasse. Maria kam damit zu dem Schluss, dass sie sich allein helfen und lernen musste, die Situation auszuhalten und zu überstehen. Beides fiel ihr schwer, da die psychischen Verletzungen durch die Mitschülerin sie an einem zentralen Punkt trafen: Ihre Person wurde ständig infrage gestellt und die Verunsicherung ihres Selbstwertgefühls gehörte schließlich geradezu zu ihrem Wesen.

Die zweite große Enttäuschung betraf das Verhalten ihrer Eltern. Es war ihr nicht leicht gefallen, sich mit den Vorkommnissen in der Schule an die Eltern zu wenden. Umso schwerer war es für Maria zu verstehen, warum ihre Eltern sie so wenig unterstützen. Sie suchte schließlich Hilfe und keine schnellen, sie eher noch mehr verletzenden Rückmeldungen.

Opfer suchen die Schuld bei sich selbst

Maria gewann in dieser Phase den Eindruck, mit ihrem Äußeren selbst daran schuld zu sein, wenn sich Mitschülerinnen über sie lustig machten. Die Eltern verstärkten Marias Erleben, weil sie die so grundlegenden Selbstzweifel einfach als bedeutungslos abtaten anstatt darauf einzugehen. Marias

Verunsicherung, ja, ihre Unfähigkeit, zu ihrem Körper zu stehen, wurde noch schlimmer. Das Zusammenspiel von Erfahrungen beeinträchtigte Marias Selbstbewusstsein auf Dauer erheblich.

Maria entwickelte am Ende der Grundschulzeit regelrechte Hassgefühle auf ihr Äußeres. Dass ihre Mitschüler oder die Schule die eigentlichen Verursacher waren, daran konnte sie gar nicht mehr glauben. Zusätzlich war die Kommunikation und das Vertrauen zwischen Maria und ihren Eltern empfindlich und dauerhaft gestört. Mit allen Geschehnissen, ob nun in der Schule, Freizeit oder zu Hause, musste sie nach ihrer Einschätzung künftig alleine fertig werden.

■ Elterntipp

Viel zu oft werden verbale und körperliche Übergriffe zwischen Kindern als „normal" abgetan, obwohl sie das betroffene Kind psychisch erheblich verletzen. Machen Sie diesen Fehler nicht auch! Wenn Ihr Kind sich Ihnen anvertraut, dann zeigen Sie ihm, dass Sie für seine Situation Verständnis haben. Denken Sie immer daran, dass Ihr Kind bei weitem nicht über so viel Erfahrung im Umgang mit Menschen verfügt wie Sie selbst. Ihr Kind befindet noch in der frühen Lernphase, was den verantwortungsvollen und selbstbewussten Umgang mit anderen Menschen angeht.

Mädchen und Jungen wissen oft wenig über die Lebensgeschichte ihrer Eltern. Dabei suchen sie doch nach Vorbildern und Orientierungshilfen. Erwarten Sie jedoch nicht, dass Ihr Kind ebenso empfindet, wie es Ihnen selbst ergehen könnte. Fühlen Sie sich stattdessen in die Situation und die Gefühle Ihres Kindes ein.

Wenn Sie zu schnell feststellen, dass alles nicht so schlimm ist und von alleine vorbeigeht, dann fühlt sich Ihr Kind allein gelassen. Die Situation, vor den Mitschülern bestehen zu müssen, ist schon schwierig genug. Mit einer falschen elterlichen Reaktion überlassen Sie Ihr Kind sich selbst.

Vertraut sich Ihr Kind Ihnen an, dann wissen Sie zumindest, dass die Kommunikation zwischen Ihnen stimmt – eine wichtige Voraussetzung für Sie und Ihr Kind. Fragen Sie aktiv nach, welche Gefühle die Mitschüler mit ihrem Verhalten bei Ihrem Kind auslösen. Klären Sie mit Ihrem Kind auch die Hintergründe der psychischen Verletzungen. Wichtig ist es für Sie zu klären, warum sich Ihr Kind durch die Übergriffe der Gleichaltrigen so verletzt fühlt. Wenn Sie sich Ihrem Kind gegenüber offen verhalten, kann es auch äußern, wodurch und wie es sich selbst als „Auslöser" versteht. Indem Sie dies thematisieren, können Sie mit Ihrem Kind auch klären, dass immer die Täter die „Auslöser" sind. Als Nächstes besprechen Sie mit Ihrem Kind, welche Hilfe zur Verbesserung der Situation es wünscht.

Möglichkeiten abwägen   Wie könnten die nächsten Schritte aussehen? Ein Gespräch mit Lehrern und auch mit den Eltern der mobbenden Mitschüler? Oder erst einmal gemeinsame Überlegungen mit Ihrem Kind, welche Abwehrstrategien es selbst versuchen sollte? Vielleicht könnte es dem in der Regel feigen Mobber überraschend entschlossen entgegentreten? Offensive statt Defensive: die Mobber auf eigene Defizite hinweisen – Gegenspott sozusagen? Oder eine ultimative Aufforderung an die zuständige Lehrer, für Abhilfe zu sorgen, andernfalls würden Sie Ihr Kind die Schule wechseln lassen?

Teilen Sie Ihrem Kind auf jeden Fall mit, was Sie zur Veränderung der Situation unternehmen werden oder aus einer Krisensituation heraus bereits getan haben. Ihr Kind spürt dann sehr genau, dass Sie es ernst nehmen und dass es sich auch weiterhin mit Problemen, Ängsten und Sorgen an Sie wenden kann. Sie geben Ihrem Kind viel von dem Selbstvertrauen wieder, das ihm die anderen Kinder nehmen.

Gerade in der Grundschule befinden sich Kinder in einer ganz wesentlichen Phase der Selbstfindung. Wenn Sie für die Äußerungen Ihres Kindes immer offen sind, schützen und unterstützen Sie es in Problemsituationen wie dem Mobbing in der Schule. Durch solches elterliches Verhalten lernt Ihr Kind, zu sich als Person zu stehen, und überwindet die Selbstzweifel. Ihr Kind wird das bedrückende Gefühl ablegen können, selbst schuld zu sein an all dem, was ihm durch die Mitschüler in der Schule widerfährt. Sie als Eltern tragen durch Ihr überlegtes Handeln dazu bei, dass Ihr Kind dauerhaft in seinem Selbstbewusstsein und seinem Selbstwertgefühl gestärkt ist. Sie stärken Ihr Kind für den weiteren Lebensweg und schützen es somit auch vor Mobbing durch Kinder und Jugendliche.

Stärkung des Selbstwertgefühls

Offenheit ist oberstes Gebot!

Wenn Sie mit Ihren Kindern sprechen, ist Offenheit unbedingt nötig, denn Ihr Kind erwartet, dass Sie ihm vertrauen, ihm Zuneigung entgegenbringen und ihm nichts vormachen. Durch das Mobbing seitens irgendwelcher Mädchen und Jungen oder auch durch andere Problemsituationen kann sich ein

Kind oder Jugendlicher empfindlich gestört fühlen. Setzen Sie in Ihrem Umgang Offenheit und Aufgeschlossenheit dagegen. Denken Sie daran, dass solches Vorgehen in besonderem Maße auch die Toleranz fördert. Wenn nicht Sie Ihrem Kind Offenheit, Aufgeschlossenheit und Toleranz auf den Weg geben, wird es diese Eigenschaften nur schwerlich anderweitig erwerben können. Bei der Arbeit mit Jugendlichen erlebe ich übrigens sehr häufig, dass diese trotz anders lautender Meinungen dankbar sind für Kritik und natürlich auch für Lob von Erwachsenen.

Lob und Kritik mit verständlicher Begründung

☐ **Info** *Offenheit für die Probleme Ihrer Kinder*

Jede Entwicklungsphase hat ihre ganz eigenen Probleme. Egal, ob nun innerhalb der Familie, in der Schule, mit Gleichaltrigen oder Erwachsen – signalisieren Sie Ihrem Kind Offenheit und Gesprächsbereitschaft. Ihr Kind benötigt bei jeder Problemsituation die eine oder andere Unterstützung. Es ist wichtig, dass Kinder wählen können, wo sie sich Unterstützung holen wollen. Gerade im Zusammenhang mit Mobbing unter Kindern und Jugendlichen ist die Verunsicherung bei Ihrem Kind groß. Sie können ihm in dieser Phase ein wichtiges Stück Sicherheit bieten. Oftmals trägt gerade die Verunsicherung bei Kindern, nicht zu wissen, an wen sie sich mit ihren Problemen wenden können, dazu bei, dass sich die Mobbingsituation so dramatisch auswirkt.

Ihr Kind muss wissen und spüren, dass Sie aktiv auf seine aktuelle Situation eingehen, sich dabei aber nicht unaufgefordert einmischen. Dies setzt von beiden Seiten ein hohes Maß an Vertrauen voraus, das erst aufgebaut werden muss, Sie und Ihr Kind für den Umgang mit Problem- und Krisensituationen aber entscheidend stärkt.

Signalisieren Sie wahres und aktives Interesse!

Es reicht heutzutage nicht mehr aus, einfach „nur" für die Kinder da zu sein. Kinder erwarten teilweise auch Ihr aktives Interesse für Themen, Sorgen und Probleme, die sie bewegen. Aufgeschlossenheit ist also wichtig. Andererseits werden Sie Ihrem Kind signalisieren müssen, was Sie gegebenenfalls an aktuellen Entwicklungen einfach nicht wissen können. Ihr Interesse und Ihre Anteilnahme bewirken bei Ihrem Kind ein Gefühl von Geborgenheit. Damit gleichen Sie mögliche Defizite aus, die Ihr Kind durch das Mobbing seitens anderer Kinder und Jugendlicher erfährt.

Fehlendes Wissen der Eltern

Sprechen Sie mit Ihren Kindern – aber nicht über sie!

Wenn Ihr Kind zu Ihnen kommt, weil es bei Problemen, Ängsten oder Sorgen Ihre Unterstützung benötigt, machen Sie nicht den Fehler, es nur halbherzig an die Hand zu nehmen. Wenn es Ihnen gelingt, Ihrem Kind ein grundsätzliches Vertrauensgefühl zu vermitteln, wird es sich auch in ernsthaften Krisen an Sie wenden. Nur dann kann Ihr Kind nach Drangsalierungen durch einen Gleichaltrigen zu Ihnen kommen und sich Ihnen anvertrauen. Sollten Sie im Augenblick keine Zeit haben, erklären Sie das Ihrem Kind liebevoll und vereinbaren Sie ein Gespräch für einen etwas späteren Zeitpunkt, wenn Sie mehr Ruhe dafür haben.

Geben Sie klare Regeln vor!

Auch wenn Ihnen das auf den ersten Blick nicht mehr zeitgemäß erscheinen mag – Mädchen und Jungen benötigen während ihrer sehr differenzierten Entwicklungsphasen feste Regeln und Grenzen durch das Elternhaus. Unverbindlich und unkonkret zu bleiben, hilft Ihrem Kind nicht weiter, Sie tun ihm damit keinesfalls einen Gefallen.

Klare und verständliche Regeln und Grenzen

Während der sich immer stärker differenzierenden Entwicklung in der Jugend entziehen sich die Heranwachsenden zunehmend der Festlegung durch Regeln und Grenzen. Umso wichtiger ist es, dass Sie sich besonders um klare Regeln bemühen. So sind die jungen Menschen darauf vorbereitet, dass in allen Bereichen des täglichen Lebens Regeln und Grenzen auf sie warten. Auch in meiner Arbeit gebe ich den Jugendlichen Regeln und Grenzen vor, die sie auch fast immer akzeptieren. Wenn Sie Ihrem Kind solche in einem vernünftigen Maß gehaltenen Regeln und Grenzen verständlich machen, dann stärken Sie es aktiv für die Zukunft. Ein Kind, das Opfer von Mobbing durch andere Kinder und Jugendliche geworden ist, braucht diese Unterstützung im besonderen Maße. Denn Ihr Kind kann dann selbst erkennen und beurteilen, dass andere Menschen die natürlichen Regeln und Grenzen des Einzelnen missachten und überschreiten.

Seien Sie glaubwürdig in Ihren Entscheidungen!

Oftmals verlangen Eltern von ihren Kindern konsequente Entscheidungen, halten sie aber für sich selbst nicht ein. Wenn Sie Ihrem Kind etwa das Rauchen oder Trinken untersagen, dürfen Sie es Ihrem Kind natürlich nicht gleich wieder vormachen. Demonstrieren Sie Ihrem Kind, dass Sie sich selbst an getroffene Entscheidungen halten, selbst wenn es manchmal schwer fällt. Sie zeigen damit, dass Sie zu dem stehen, was Sie sagen. Ihr Kind kann das Gefühl aufbauen, dass es sich auf Sie verlassen kann. So gewinnt es auch Zutrauen in die Maßnahmen, die Sie gemeinsam verabreden.

Vermitteln Sie Werte und Normen!

Werte und Normen als Maßstäbe menschlichen Miteinanders

Unser gesellschaftliches Zusammenleben beruht auf bestimmten Werten und Normen. Diese Werte und Normen – wie Ehrlichkeit, Toleranz, Gerechtigkeit und Akzeptanz – werden von den Eltern an die Kinder weitergegeben. Es ist ein gesunder und notwendiger Prozess, dass sich Ihre Kinder mit Ihren Wert- und Normvorstellungen auseinandersetzen. Im Umgang von Jugendlichen untereinander scheint dieses Werteverständnis jedoch oft zu fehlen. Aber gerade wenn Ihr Kind das Mobbingopfer seiner Mitschüler geworden ist, braucht es feste Größen, an denen es sich orientieren kann. Moralische Werte und ethische Normen sind auch in der heutigen Gesellschaft ein zentrales Gut für das Zusammenleben mit anderen Menschen. Befähigen Sie Ihr Kind zu einem sozialen Zusammenleben – dadurch stärken Sie es zugleich gegen Mobbingattacken, die seine Maßstäbe für Richtig und Falsch durcheinander bringen könnten.

☐ **Info**   *Bereitschaft zum aktiven Eingreifen*
Wenn Ihr Kind sich in einer akuten Problem- oder Krisensituation befindet, müssen Sie zum Eingreifen bereit sein. Sie

Rücksprache sollten dies aber nur nach Rücksprache und im Einverneh-
mit dem men mit Ihrem Kind tun und sicherstellen, dass Ihr Kind den
Mobbingopfer Zeitpunkt des Eingreifens wesentlich mitbestimmt. Sonst kann Ihre Intervention womöglich mehr Schaden anrichten als Nutzen bringen – zumindest aus der Sicht Ihres Sohnes oder Ihrer Tochter. Aktives Eingreifen bedeutet zudem, die Auslöser für die Problemsituation nicht vorrangig bei Ihrem Kind zu suchen. Für Sie muss es vorrangig um die Beseitigung der akuten Krise gehen. Danach können Sie sich gemeinsam mit Ihrem Kind und vielleicht anderen Beteiligten um die Ursachenerforschung bemühen.
Nutzen Sie auch weitere Unterstützungsmöglichkeiten, zum Beispiel durch die Schule, die Jugendhilfe oder andere Beratungseinrichtungen. Auch hierbei sind gemeinsame Absprachen wichtig und Sie sollten sich über alle einzelnen Schritte verständigen und Alternativen abwägen.

Begleiten Sie Ihr Kind bei seinen wichtigen Entwicklungsschritten!

Während der Kinder- und Jugendzeit – ganz zentral also auch während der Schulzeit – müssen Mädchen und Jungen sich nicht nur eine Unmenge an Wissen aneignen, sondern noch einer anderen zentralen Anforderung gerecht werden. Die unterschiedlichsten Entwicklungsaufgaben sind zu erfüllen, um zu einer selbstständigen Persönlichkeit heranzuwachsen. Neben der direkten Bewältigung der jeweiligen Entwicklungsphasen muss Ihr Kind im Zusammenhang damit auch noch eine Vielzahl von Problemen und Ängsten überstehen. Es ist an Ihnen als Eltern, Ihre Kinder dabei zu unterstützen. Mobbing unter Kindern und Jugendlichen ist leider kein Einzelfall mehr. Täglich werden in den unterschiedlichen Lebensbereichen und an den unterschiedlichsten Schultypen Kinder und Jugendliche durch Gleichaltrige gemobbt. In den allermeisten Fällen bekommen die Eltern davon zumeist gar nichts mit oder erfahren erst sehr spät davon.

Machen Sie nicht den Fehler, jede Änderung im Verhalten Ihres Kindes als normale Phase der Entwicklung einzustufen. Setzen Sie sich aktiv mit Ihrem Kind auseinander, und zwar in allen Themenbereichen und Entwicklungsstufen. Seien Sie offen für die Veränderungen bei Ihrem Kind. Dann werden Sie eine natürliche Sensibilität dafür entwickeln, was ihm nützt oder schadet. So ersparen Sie Ihrem Kind viele der leidvollen Erfahrungen, die andere Kinder und Jugendliche bereits gemacht haben.

Geben Sie Ihrem Kind immer die Sicherheit, von Ihnen als Per-

Entwicklungsphasen richtig einschätzen

son akzeptiert und respektiert zu werden. Hüten Sie sich davor, die Gründe für das Mobbing Ihrem Kind zuzuweisen und das Problem zu bagatellisieren. Solche oder vergleichbare Reaktionen sind keinesfalls geeignet, Ihrem Kind aus seiner Rolle als Opfer zu helfen. Damit schaden Sie ihm im Gegenteil nur, denn Ihr Kind muss ja denken, dass Sie es ebenfalls nicht so akzeptieren können, wie es nun einmal ist. Durch solches Verhalten geben Sie ihm vielmehr das Gefühl, die Attacken der anderen Kinder und Jugendlichen seinen „zu Recht" von ihm selbst ausgelöst.

Sinnvolle Freizeitgestaltung

Mädchen und Jungen wollen ihre Freizeit selbst organisieren und gestalten. Dabei müssen sie abwägen, welche Angebote für sie passen und wie sie die Freizeit damit ausfüllen. Sie als Eltern können Ihr Kind dabei unterstützen und über die Möglichkeiten der Freizeitgestaltung beraten. Im Zusammenhang mit Mobbing können solche Überlegungen eine große Bedeutung haben. Oftmals erfahre ich von Jugendlichen, dass ihre Eltern keine Vorstellung davon haben, wie sie ihre Freizeit verbringen und welche Freizeitmöglichkeiten sich überhaupt anbieten. Wenn sich Ihr Kind aber über Alternativen zum Freundeskreis im Wohnumfeld, im Freizeitbereich oder in der Schule im Klaren ist, dann kann es sich je nach Situation in seinen Lebensbereichen anders orientieren. Der Rahmen reicht vom Sportverein bis zur Musikschule. Es wird neue Lebensbereiche finden, in denen es nicht als Opfer abgestempelt ist.

Alternativen zum Bisherigen

Die eigene Geschlechtsrolle entwickeln

Jugendliche beginnen ab dem elften Lebensjahr, aktiv ihre eigene Geschlechtsrolle zu entwickeln. Dazu gehört natürlich auch, dass sie sich mit den vorhandenen Ansichten und Klischees über die Geschlechterrollen von Mann und Frau auseinander setzen. Sie müssen sich mit ihrer Körperlichkeit beschäftigen und klären, wie sie sich zu ihrer Geschlechterrolle stellen. Dazu gehört es in der Regel auch, dass sich Mädchen und Jungen „erproben", um so eine Orientierung für das weitere Leben zu haben.

Freiräume für die persönliche Entwicklung

Sie können Ihr Kind in dieser Situation aktiv unterstützen, indem Sie ihm vor allem Freiräume zugestehen. Elterliche Eingriffe in die Privatsphäre sind für Kinder nur schwer verständlich und noch schwerer zu akzeptieren. Nach meiner Erfahrung gibt es nichts Schlimmeres für Mädchen und Jungen, als durch Eltern oder Freunde genötigt zu werden, ihre Sexualität zu „erläutern".

Wenn Sie Ihr Kind aktiv stärken, ihm Selbstvertrauen und den Mut vermitteln, zu den gefällten Entscheidungen zu stehen, dann unterstützen Sie Ihr Kind damit auch aktiv gegen Mobbing durch Mitschüler. Kinder mit einem gefestigten Rollenverständnis können mit verletzenden Bemerkungen besser umgehen.

Ersparen Sie Ihrem Kind Erfahrungen, wie sie Tim machen musste:

Fallbeispiel

Im letzten Jahr der Realschule stellte Tim fest, dass die bisherigen Demütigungen noch nicht die schlimmsten waren. Er war sich mittlerweile bewusst, homosexuell zu sein. Sich in der Klasse zu outen, erschien ihm zu gefährlich und vollkommen sinnlos. Mit einigen wenigen Mädchen hatte er immer noch sehr engen Kontakt. Andere Mädchen aus der Klasse hatten sich von ihm abgewandt, da sie Kontakt mit älteren Jungen pflegten.

Tim hatte sich in seinem Auftreten verändert. Er war sehr still, seine Erscheinung war immer noch eher schmächtig, er achtete sehr auf sein Äußeres. Die mobbenden Mitschüler gingen in dieser Phase sehr offensiv und vor allem aggressiv mit ihm um. Sie rempelten ihn immer häufiger auf dem Pausenhof an und ahnten vielleicht, dass er andere sexuelle Interessen hatte als sie selbst. Die verbalen Beschimpfungen nahmen an Deutlichkeit zu. Sie bezeichneten ihn als „Schwuli" und „Lutscher" und stellten ihn permanent vor der Klasse bloß. Tim war zutiefst verletzt.

Wenige Tage vor dem Schulabschluss kam es zur Eskalation im Unterricht: Tim wurde permanent von einem der mobbenden Mitschüler gehänselt und mit Beschimpfungen bedacht.

Ignoranz durch Lehrer Der Lehrer schnappte eine der Beschimpfungen auf, begriff selbst die Situation überhaupt nicht, gab aber Tim deutlich zu verstehen, dass er die Meinung des Mitschülers über „angemessenes Verhalten" von Jungen und Männern teile. Tim fühlte sich hoffnungslos allein und kämpfte mit den Tränen. Zunehmend empfand er Hass gegenüber dem Lehrer und seinen Mitschülern. Die letzten Tage nahm er am Unterricht nicht mehr teil. Seine Mutter erfuhr nur zufällig von dem Ereignis, weil eine Nachbarin ihr etwas erzählte. Sie selbst konnte Tim nicht dazu bewegen, ihr zu eröffnen, was ihn bewegte.

Tim musste in dieser Phase seines Lebens ein unglaubliche psychische Belastung überstehen. Er konnte sich niemandem mit seinen Gefühlen und Gedanken wirklich anvertrauen. Seine Mitschüler erreichten, dass Tim das Gefühl erlebte, in einem vollen Klassenzimmer völlig allein zu sein. Nachdem Tim zuvor keine Unterstützung zuteil geworden war, besaß er auch in dieser Zeit keine Kraft, um sich gegen die anderen zu wehren. Der Lehrer hatte nicht nur kläglich versagt, sondern durch seine Ignoranz alles noch schlimmer gemacht. Nicht umsonst kam Tim nach dem letzten Vorfall nicht mehr in die Schule. Sein Hass hatte seine Einschätzung zementiert, dass man sich nur selbst helfen kann. Niemandem kann man wirklich vertrauen. Es muss ohne die anderen gehen.

Und das passierte in einer Lebensphase, in der Tim erfahren wollte, wie es wohl sein würde, mit einem Partner eine Beziehung aufzubauen. Seine Mutter konnte ihm zu diesem Zeitpunkt in dieser psychischen Situation nicht helfen. Dafür hatte sie sich in den Jahren zuvor viel zu passiv verhalten.

Das Verhalten des Lehrers ist nicht unüblich. Auch Lehrer entwickeln Sympathien und Antipathien in Bezug auf ihre Schüler, doch in diesem Fall spiegelt das Lehrerverhalten das Fehlen von Toleranz wider mit der Folge, dass Tim sich erniedrigt und bloßgestellt fühlte – zu Recht. Schließlich waren es sein Körper und seine Sexualität, die seine Mitschüler zum Anlass nahmen, ihn zu verletzen.

Gefühle der Lehrer

In einer solchen bereits sehr weit fortgeschrittenen Mobbingphase können Sie Ihrem Kind in aller Regel nicht mehr aktiv helfen. Die Verletzungen seiner Psyche sind schon so groß,

■ **Elterntipp**

dass es nicht mehr bereit ist, Ihre Hilfsangebote anzunehmen. Es ist auch nicht frei genug, um all die Verletzungen und Erfahrungen loszulassen und auszusprechen. Vielmehr besteht die Gefahr, dass sich Hassgefühle einstellen. Suchen Sie in diesem Fall unbedingt Hilfe von außen.

Tims „Arroganz im Auftreten", die ihm von Außenstehenden unterstellt wird, gründet sich auf seinen Erfahrungen. Wenn *Warnsignal* Ihr Kind plötzlich sehr still und in sich gekehrt wirkt, muss Sie *plötzlicher* das hellhörig machen. Eine solch wesentliche Veränderung *Rückzug* des Verhaltens ist in Tims Alter nämlich nicht mehr üblich. Geben Sie Ihrem Kind deshalb frühzeitig das Gefühl, zu Hause geborgen zu sein. Es braucht viel Ruhe, Kraft und positiven Zuspruch. Versuchen Sie auf keinen Fall mit Gewalt, die Auslöser für sein Verhalten zu benennen – oder gar mit Ihrem Kind darüber zu diskutieren, welche dieser Auslöser Ihnen ebenfalls nicht behagen.

Mit einem Lehrer, wie ihn Tim zuletzt hatte, sollten Sie auf jeden Fall ein Gespräch führen. Stellen Sie unmissverständlich klar, dass sein Verhalten völlig inakzeptabel ist.

☐ **Info** *Entwicklungsphasen Ihres Kindes offen begegnen*
Was für die vorausschauende Erziehung gilt, sollten Sie sich auch unter dem Aspekt der einzelnen Entwicklungsphasen Ihres Kindes zueigen machen. Im Alter von 11 bis 16 Jahren durchlaufen junge Menschen eine entscheidende Lebensphase. Ihr Kind hat in dieser Zeit eine Vielzahl von Aufgaben zu bewältigen. Es muss sich unter anderem mit seiner sexuellen Entwicklung auseinander setzen, muss erfahren, was es heißt, Frau oder Mann zu werden, sich damit identifizieren und diese

Rolle annehmen. Zudem gilt es, eigene Fähigkeiten und Interessen zu lokalisieren und einzuordnen. Ihr Kind bereitet sich schrittweise auf sein weiteres, auch auf sein berufliches Leben vor. Es muss sich verstärkt in Gruppen Gleichaltriger behaupten, muss seine Stärken und Schwächen erkennen und akzeptieren lernen. Sie als Eltern nehmen die Veränderungen ebenfalls wahr. Geben Sie Ihrem Kind immer das Gefühl, dass Sie es akzeptieren – als die Person, zu der es sich gerade entwickelt. Ihr Kind kann sich dann viel leichter selbst annehmen und gleichzeitig auch andere Vorstellungen zulassen. Und Kinder beginnen in dieser Phase schrittweise mit der Entfernung von den Eltern. Dazu gehört auch eine Auseinandersetzung mit dem, was die Eltern tun, wie sie denken und wie sie handeln.

All dies ist notwendig für die weitere Entwicklung Ihres Kindes. Es ermöglicht ihm auch, sich in der Freizeit und Schule vor Angriffen von außen zu schützen. Wenn Sie Ihrem Kind in dieser Phase offen begegnen, dann erkennt es, wie wichtig Sie als Familie immer noch sind. Es weiß, dass es bei Ihnen immer einen Ort hat, an dem es sich erklären kann, und erfahrene Partner findet, die ihm notfalls beistehen.

Die Entwicklungsschritte kennen und verstehen lernen

Manche dieser Phasen berühren die Eltern schmerzlich. Die Erfahrung zeigt leider, dass in vielen Familien wenig Kenntnis dieser Themen vorhanden ist und auch die Aufmerksamkeit dafür fehlt. Nur Offenheit ermöglicht jedoch, die Probleme zu erkennen und damit auch eine Diskussion und Auseinandersetzung zuzulassen. Offenheit bedeutet für Sie als Eltern auch, loslassen zu können. Sie dürfen Ihr Kind in diesem Lebensabschnitt keinesfalls isolieren oder mit seinen Problemen alleine lassen. Das Gefühl, nicht verstanden zu werden, nimmt Kindern die Kraft, sich gegenüber Mobbingversuchen zu behaupten.

Behauptung in der Gleichaltrigengruppe

Mädchen und Jungen benötigen für die Bewältigung ihrer Entwicklungsaufgaben ab dem dreizehnten Lebensjahr verstärkt den Umgang mit Gleichaltrigen. Austausch und Kontakt sind wichtig zur Ausbildung ihrer weiteren Persönlichkeit. Gleichzeitig entfernen sie sich allmählich vom Elternhaus. Der Austausch innerhalb der Gruppe erstreckt sich auf alle Themenbereiche der Entwicklungsaufgaben in diesem Alter. Die Eltern sind vor allem aufgefordert, diese entscheidende Entwicklung zu akzeptieren und wohlwollend zu verfolgen. Sie stärken damit das Selbstbewusstsein ihrer Kinder und begleiten sie überlegt und verantwortungsbewusst auf dem weiteren Weg der Persönlichkeitsbildung. Der regelmäßige und ungezwungene Kontakt mit Gleichaltrigen ist zudem ein guter Schutz gegen Übergriffe durch das Mobbing von anderen Kindern und Jugendlichen.

Förderung durch die Eltern

Die Ablösung vom Elternhaus

Die Wahl der weiteren Schule und die Berufswahl ab dem sechzehnten Lebensjahr sind weitere Schritte auf dem Weg der Ablösung vom Elternhaus. Mädchen und Jungen suchen nach geeigneten Möglichkeiten, um sich ideell und finanziell vom Elternhaus zu trennen.

Dieser Prozess kann sich über einen längeren Zeitraum hinziehen und dauert nicht selten mehrere Jahre. Sie als Eltern sollten sich darauf einstellten. Unterstützen Sie Ihr Kind in dieser Phase, indem Sie ihm mögliche Alternativen nicht aufdrängen oder schönreden. Ihr Kind entscheidet letztlich selbst über die Weichenstellungen.

Viele Jugendliche erhalten von zu Hause reichlich Geld und ihre Ansprüche sind entsprechend hoch. Das ist nicht unproblematisch. Überlegen Sie, ob Sie Ihrem Kind damit wirklich einen Gefallen tun und ob es den Übergang vom Elternhaus zur Eigenständigkeit nicht sehr viel besser meistert, wenn Sie nicht ständig und nicht planlos finanziell nachhelfen.

Überzogenes Anspruchs-denken?

Nehmen Sie Hilfen von anderer Seite in Anspruch!

Wenn Sie mit Pädagogen über das Thema Mobbing unter Kindern und Jugendlichen sprechen, dann machen Sie sich stets bewusst, dass es grundsätzlich um eine Situationsverbesserung für Ihr Kind geht und nicht um eine Grundsatzdiskussion. Im Kontext Schule neigt man schnell dazu, aus der Diskussion über einen Einzelfall die Debatte über grundlegende Entwicklungen werden zu lassen. Das hilft aber weder Ihrem Kind noch Ihnen.

Hilfreich ist ein Moderator oder Mediator (Vermittler), der das Gespräch in die richtigen Bahnen leitet. Der Moderator kann vermitteln, Hintergründe klären und mit allen Beteiligten Perspektiven entwickeln.

Bei einem Gespräch mit anderen Eltern ist ein ausgesprochen behutsames Vorgehen ratsam. Eltern lassen sich nur sehr ungern von anderen Eltern erläutern, wie schrecklich ihr Kind sei. Nach Möglichkeit sollten Sie auch hier eine nicht direkt betroffene Person bitten, bei dem Gespräch dabei zu sein.

In allen Gesprächen ist es entscheidend, immer wieder deutlich zu machen, was Sie sich für Ihr Kind in Zukunft erwarten. Dann kann Ihnen später niemand vorwerfen, Sie hätten sich nicht eindeutig geäußert.

Signale und Reaktionen

In diesem Kapitel finden Sie noch einmal in Kurzform die wichtigsten Anzeichen für Mobbing und geeignete Reaktionsmöglichkeiten.

Ihr Kind spricht über Vorkommnisse in der Schule oder Freizeit

Wenn Ihr Kind zu Ihnen kommt und Ihnen von außergewöhnlichen Vorfällen berichtet, müssen Sie sehr schnell reagieren. Nehmen Sie sich Zeit für ein Gespräch. Gewinnen Sie dabei die Gewissheit, dass Ihr Kind in der Schule oder Freizeit das Opfer von Mobbing durch seine Mitschüler oder andere Kinder geworden ist, sprechen Sie eingehend mit ihm über seine Gefühle, Ängste und Sorgen.

Gespräche als oberstes Gebot

Im Kontext Schule lässt sich rasch Klarheit schaffen, wenn Sie mit der zuständigen Lehrkraft Ihres Kindes sprechen. Sie sollten auch versuchen, ein Gespräch mit den betreffenden Kindern und Jugendlichen oder deren Eltern herbeizuführen. Christians Eltern hatten leider nicht das Glück, dass ihr Sohn sie auf die Vorkommnisse klar und deutlich aufmerksam machte. Maria, die so sehr versucht hatte, sich ihren Eltern mitzuteilen, wurde vertröstet und nicht ernst genommen. Das wird Ihnen nach der Lektüre dieses Buches sicherlich nicht passieren.

Sie beobachten Veränderungen wichtiger Wesensmerkmale

Wenn ein Kind immer offenherzig und fröhlich war und nun stets bedrückt auf Sie wirkt, aber hartnäckig schweigt, kann das darauf hindeuten, dass es durch gleichaltrige Kinder bzw. Jugendliche gemobbt wird. Sprechen Sie Ihr Kind nicht gleich nach der ersten Beobachtung darauf an, sondern vergewissern Sie sich, dass sich etwas Wesentliches verändert hat. Bleiben Sie aber stets offen für ein Gespräch und interessieren Sie sich für Besonderheiten.

In meiner Arbeit mit Kindern und Jugendlichen erfahre ich sehr oft, dass sie den aktiven Gedankenaustausch, das Sichanvertrauen-Können, daheim vermissen. Denken Sie beim *Behutsames* *Vorgehen* Nachfragen daran, dass die psychischen Verletzungen bei Ihrem Kind sehr tief sitzen können. Sie sollten in kleinen und kontrollierten Schritten Ihr Kind aus der „Isolation" in den Lebensalltag zurückführen.

Maria ist bis heute in ihrem Verhalten nachhaltig beeinträchtigt. Obwohl sie ein fröhliches Kind war, merkten die Eltern nicht, dass sie sich immer mehr zurückzog. Sie waren nicht aufmerksam genug. Die Eltern von Nils nahmen ebenfalls die veränderte Ausstrahlung ihres Kindes nicht wahr. Sie ignorierten einfach, dass die plötzliche Gewichtsabnahme neben der körperlichen Weiterentwicklung ihre Ursache in Problemen durch Mobbing seitens anderer Kinder und Jugendlicher haben könnte. Wenn Sie Ihre Augen offen halten und Ihrem Kind mit einfühlsamen, aber eindeutigen Worten begegnen, werden Sie die Situation in den Griff bekommen.

Ihr Kind hat keine Freunde

Ein typisches Anzeichen für Probleme mit Mobbing unter Kinder und Jugendlichen ist die Tatsache, dass ein Kind so gut wie keine Freunde hat. Ab einem gewissen Alter ist es aber im Rahmen der Entwicklungsaufgaben absolut notwendig, dass Ihr Kind regelmäßigen Sozialkontakt mit Gleichaltrigen pflegt.

Bedeutung von Freundschaften

Auch dieses Thema sollten Sie sehr behutsam ansprechen und einfühlsam nachfragen, wo mögliche Gründe liegen könnten. Möglicherweise stuft Ihr Kind den fehlenden Kontakt selbst nicht als problematisch ein oder spielt ihn aus Scham herunter. In diesem Fall sollten Sie erst recht hellhörig werden, weil mit großer Wahrscheinlichkeit jemand aus dem näheren Bekanntenkreis Ihres Kindes zu den mobbenden Kindern und Jugendlichen gehört.

Tim hatte kaum Freunde, doch niemand interessierte sich dafür. Hätte seine Mutter früher nachgefragt, dann hätte sie ihrem Sohn besser helfen können. So aber war er sich selbst überlassen. Das braucht Ihnen nicht zu passieren.

Ich erfahre es häufig bei der täglichen Arbeit, dass Mädchen und Jungen sich unter Gleichaltrigen alleine gelassen fühlen – sie beschreiben sich selbst als minderwertig, langweilig oder auch unansehnlich. Dieses negative Selbstbild Ihres Kindes können Sie behutsam, aber überzeugend korrigieren. Sie können Anregungen geben und Brücken bauen zu anderen, neuen Bekanntschaften und vielleicht sogar zu Freunden in den unterschiedlichen Lebensbereichen wie Wohnumfeld, Schule oder Freizeit.

Was ist nur aus den guten Noten in der Schule geworden?

Gute Noten sind nicht grundsätzlich ein Anzeichen dafür, dass mit Ihrem Kind in der Schule alles in Ordnung ist. Umgekehrt müssen schlechte Noten natürlich kein Anzeichen für gestörte soziale Kontakte in der Schule sein. Schlechte schulische Leistungen können auch aus den Belastungen resultieren, die Ihr Kind im Verlauf seiner Entwicklung bewältigen muss.

Ein plötzliches Absacken des Notendurchschnitts ist allerdings ein Alarmzeichen. Fragen Sie vorsichtig nach, ob es besondere Vorkommnisse in der Schule, in der Klasse oder mit den Mitschülern gibt. Führen Sie eine Veränderung des Notendurchschnitts nicht vorschnell auf die schulischen (Leistungs-)Bedingungen zurück. Wenn Sie überlegt und ohne voreilige Schlussfolgerungen mit Ihrem Kind sprechen, werden Sie die wahren Gründe für die Veränderung der Noten herausfinden und können darauf reagieren.

Ihr Kind weist körperliche Verletzungen auf

Ursachen von Verletzungen klären

Sollte es Ihr Kind beim Mobbing durch Gleichaltrige ganz schlimm getroffen haben, ist es womöglich körperlich sichtbar verletzt. Häufig erfinden Kinder aus Scham alle möglichen Erklärungen, wie es zu den Verletzungen gekommen ist. Solche offensichtlichen Blessuren müssen immer Anlass für ein Gespräch sein. Klären Sie mit Ihrem Kind, wie es zu den Verletzungen gekommen ist und wer daran beteiligt war. Nur so können Sie Ihrem Kind helfen. Indem Sie klären, wer die Verursacher waren, schützen Sie Ihr Kind aktiv vor weiteren Verletzungen.

Ihr Kind erzählt nie etwas über Freizeit und Schule

Warum Ihr Kind nach der Schule kaum etwas erzählt oder gar nicht spricht, kann verschiedene Gründe haben. Möglicherweise behält es auch für sich, wie es am Nachmittag draußen mit den anderen Jungen und Mädchen war. Kinder sind normalerweise mitteilsam und möchten gerne über das in der Schule und Freizeit Erlebte sprechen. Oft sprudeln sie geradezu über. Wird Ihr Kind plötzlich schweigsam, dann stimmt in der Regel etwas nicht. Ein wesentlicher Grund kann die *Angst vor Blamage* Angst sein, sich durch seine Erzählung zu verraten und sich damit zu blamieren. Wenn Ihr Kind nichts erzählt, dann setzt es sich auch nicht der Gefahr aus, etwas sehr Schmerzliches einzugestehen. Sie können Ihrem Kind nur immer wieder grundsätzliche Gesprächsbereitschaft signalisieren. Aber üben Sie keinen Druck aus, dringen Sie nicht in Ihr Kind!

Auch wenn's schwer fällt: Die Täter brauchen Unterstützung

Das Hauptaugenmerk dieses Buches liegt zurecht auf den Bedürfnissen der Mobbingopfer. Es ist aber unverzichtbar, auch auf die besondere Situation der Täter einzugehen. Ihr Verhalten wird damit nicht entschuldigt, aber natürlich benötigen auch die Täter Unterstützung.

Zunächst gilt es für die Eltern, sich überhaupt klar zu machen, ob ihr Kind möglicherweise ein Mobber anderer Mädchen und Jungen ist, und darüber nachzudenken, ob die elterliche Erziehung auf dieses Verhalten Einfluss nimmt – negativ wie positiv. Zudem ist ein differenzierter Blick wichtig, denn – bei aller Verärgerung und allem Entsetzen seitens der Eltern und Lehrkräfte – geht es darum, die Täter fair zu behandeln. Aktuelle Sanktionen gegenüber den Tätern sind oftmals unverzichtbar. Ein Fehlverhalten von Kindern und Jugendlichen muss offen benannt werden und erfordert aktives Handeln von Eltern, Lehrkräften, der Schule insgesamt und auch der Kinder- und Jugendhilfe. Das darf aber dem Ansatz von Hilfe und Unterstützung nicht entgegenstehen.

Fairness auch für die Täter

Keiner wird als Mobber geboren

Die Entwicklung von Kindern und Jugendlichen hängt von einer Vielzahl von Faktoren ab. Besondere Bedeutung hat die Erziehung durch die Eltern, aber natürlich bedingen weitere

Einflüsse wie gesellschaftliche Rahmenbedingungen, Schule, Gruppe der Gleichaltrigen und auch die Medien diesen Entwicklungsprozess. Jedes Kind, jeder Jugendliche muss während seiner Entwicklung vielfältige Kompetenzen und Fähigkeiten erlangen, sich ihrer aber auch bewusst werden und sie benennen können. In den letzten Jahren fällt zunehmend auf, dass gerade Mobbingtäter hier ein eindeutiges Defizit aufweisen. Oftmals ist es ihnen nicht möglich, ihre positiven Eigenschaften selber zu benennen. Häufig erfahren sie auch – oder glauben das zumindest – zu wenig positive Außenwahrnehmung durch ihr Umfeld. Sie fühlen sich und ihre Kompetenzen und Fähigkeiten zu wenig beachtet bzw. falsch beurteilt.

Ursachen für Mobbing Das Verhalten des Täters wird von weiteren Faktoren beeinflusst, zum Beispiel der gesellschaftlichen Veränderungen der letzten Jahre, die sich zunehmend im Verhalten von Kindern und Jugendlichen niederschlagen. Hierzu zählen im besonderen Maße der Verlust an allgemeingültigen Werten und Normen, der zunehmende Verlust an Toleranz und Akzeptanz gegenüber anderen sowie die Veränderungen im Bereich Arbeit und gesellschaftliches Miteinander. Vielfach erfahren die Jugendlichen, dass allein individuelle Stärke und das Beherrschen anderer sie weiterbringen. Soziales Miteinander wird mehr und mehr ins Abseits gedrängt. Es ist nicht verwunderlich, wenn Kinder daraus schließen, es sei nicht wichtig, die eigenen Fähigkeiten zu bewahren und dazu zu stehen, sondern in der Dominanz über andere ein anerkanntes Verhalten erkennen. Und genau darum geht es bei Mobbing unter Kindern und Jugendlichen ganz besonders.

Bedeutenden Einfluss auf die mögliche Täterrolle Ihres Kindes nehmen Sie durch Ihre Erziehung und das Vorbild, das Sie Ihren Kindern geben. Wenn Ihr Kind zu Hause erfährt, dass nur Stärke gegenüber sich selbst und anderen oder auch das (Be-)Siegen einen positiven Wert hat, wird es sich genau diese Einstellung zueigen machen. Oftmals leben Eltern dieses Verhalten ihren Kindern in der besten Absicht vor, nämlich um ihnen Stärke und Selbstvertrauen mitzugeben. Die Gefahr ist allerdings, dass Eltern ihren Kindern ein sehr eindimensionales Bild des sozialen Miteinanders vermitteln. Wenn dieses Bild nicht korrigiert wird, kann dies dazu beitragen, dass ein Kind zum Täter wird. Ohne das Verhalten der Täter zu entschuldigen, zeigt sich doch, dass diese ein Stück weit selbst „Opfer" ihrer Entwicklung und Umwelt sein können.

Falsche Maßstäbe durch falsche Vorbilder

Ein Kind als Täter erkennen

Es ist für Eltern gar nicht so leicht zu erkennen und noch viel schwerer, sich einzugestehen, dass das eigene Kind zum Mobber geworden ist. Wissen Sie, wie Ihr Kind mit Gleichaltrigen umgeht? Kennen Sie die Aktivitäten Ihres Kindes und können Sie einschätzen, was es im Einzelnen tut und wie es sich dabei verhält? Oftmals werden Eltern erst darauf aufmerksam, dass ihr Kind Täter ist, wenn es von außen an sie herangetragen wird. Lassen Sie es nicht so weit kommen, sondern achten Sie schon vorher auf besondere Anzeichen. Mögliche Verhaltensmerkmale eines Mobbers können sein:

Verhaltens-merkmale des Mobbers

- Das Kind zeigt ein deutlich dominantes Verhalten gegenüber Gleichaltrigen.
- Das Kind zeigt ein verbal stark abwertendes Verhalten gegenüber den „Freunden".
- Es verfügt plötzlich über Gegenstände oder Geldmittel, deren Herkunft sich die Eltern nicht erklären können.
- Das Kind erzählt nichts mehr von seinen Aktivitäten und Erlebnissen in Schule und Freizeit.
- Kinder und Jugendliche aus Schule und Nachbarschaft vermeiden zunehmend den Kontakt zu dem Kind.

Ganz wichtig ist, dass Sie Kritik an Ihrem Kind zulassen können. Ihr Schutzverhalten als Eltern darf nicht dazu führen, dass Sie jedes Verhalten Ihres Kindes ungeprüft tolerieren bzw. entschuldigen. Natürlich ist es nötig, das Verhalten Ihres Kindes genau anzuschauen und zu prüfen, inwieweit Ihre Erziehung Einfluss auf die aktuelle Entwicklung hatte. Die Erfahrung mit der Täterarbeit zeigt, dass für eine positive Bearbeitung der Mobbingsituation im besonderen Maße Offenheit der Eltern des Täters erforderlich ist. Geben Sie Ihrem Kind die Chance, ein Fehlverhalten auch als solches zu erkennen. Es muss durch Sie einen „Raum" erhalten, in dem es sein Verhalten benennen kann und verstehen lernt, worin das Fehlverhalten begründet liegt.

Was tun, wenn ein Kind zum Täter geworden ist?

Als Eltern sind Sie Vorbild für Ihre Kinder, mit Ihrer Erziehung geben Sie ihm eine Vielzahl notwendiger persönlicher und sozialer Kompetenzen mit auf den Weg. Ist Ihr Kind zum Täter geworden, müssen Sie Ihre eigenen Werte und Normen überprüfen. Machen Sie sich klar, dass Ihr Kind nachlebt, was Sie als Eltern ihm vorleben. Es ist hilfreich, wenn Sie den Mut aufbringen und zugeben, dass Ihre Erziehung negativen Einfluss hatte.

Ihre erste Maßnahme muss das offene Gespräch mit Ihrem Kind sein. Klären Sie ab, warum sich Ihr Kind so verhält, welche Beweggründe es gibt und wie Ihr Kind selber sein Verhalten einschätzt. Seien Sie zudem bereit zum Gespräch mit anderen beteiligten Personen wie Lehrkräften oder auch die Eltern des Opfers. Ihre Rolle und Ihr Verhalten richten sich dabei immer auch nach dem aktuellen Mobbingstand. Sie müssen also bereit sein, sich auf diese Anforderungen einzulassen und an einer Situationsveränderung aktiv mitzuwirken.

Ursachenforschung im offenen Gespräch

Vermitteln Sie Ihrem Kind, dass Respekt und Toleranz gegenüber anderen ein wertvolles Gut sind, dass Selbstbewusstsein für Ihr Kind (und für Sie als Eltern) wichtig ist, doch dass dies nicht auf Kosten anderer Personen gehen darf. Zeigen Sie Ihrem Kind neue Wege für sich selbst. Vermitteln Sie ihm vor allem, dass Sie zu ihm stehen, auch wenn Sie mit dem Mobbing nicht einverstanden sind. Wichtig ist, dass Sie das Fehlverhalten kritisieren und gleichwohl die positiven Eigenschaften Ihres Kindes herausstellen und ihm gegenüber anerkennen. Gemeinsam müssen Sie für die Zukunft nach geeigneten Verhaltensweisen suchen, diese benennen und die konkrete Umsetzung planen – und auch kontrollieren! Dazu gehört auch, die grundsätzlichen Einstellungen Ihres Kindes, aber auch Ihre eigenen zu hinterfragen und zu ändern.

*Begegnung
zwischen Tätern
und Opfer*

Ein Austausch mit den Eltern des Opfers kann hilfreich sein, um die Situation zu entkrampfen. Dabei sollten Sie darauf achten, dass Sie eine neutrale Person – die von beiden Seiten anerkannt wird – als Vermittler hinzuziehen. Versuchen Sie nicht, eine Versöhnung zwischen Ihrem Kind und dem Opfer zu erzwingen. Oftmals braucht das Opfer Zeit, um Abstand zu den Mobbingvorkommnissen zu gewinnen. Außerdem ist ganz wichtig, dass Ihr Kind sein Verhalten verändert, bevor es seinem Opfer begegnet, damit eine Entschuldigung nicht unehrlich bleibt und Versöhnung wirklich gelingen kann.

Wenn Sie der Situation offen und aktiv begegnen, bewahren Sie Ihr Kind vor weit reichenden negativen Folgen. Lassen Sie Ihr Kind nicht in dem Glauben, dass immer nur der Stärkere gewinnt. Schützen Sie es davor, sich für sein weiteres Leben Verhaltensweisen anzueignen, die sich gegen Fairness und Partnerschaft im zwischenmenschlichen Umgang richten. Eine solche Einstellung kann Ihr Kind im Aufbau beruflicher wie auch privater Beziehungen dauerhaft belasten.

Worauf Sie nun vorbereitet sind

Mobbing unter Kindern und Jugendlichen kann sich auf den unterschiedlichsten Ebenen auswirken. Besonders gravierend sind gesundheitliche Schäden bzw. mögliche Spätfolgen. Gar nicht so selten sind Fälle, in denen gemobbte Kinder Magenbeschwerden, Hautallergien, Dauerschnupfen oder häufige Kopfschmerzen entwickelten – einerseits als Ausdruck der Stressbelastung, andererseits als unbewusstes Instrument, um den ungeliebten Schulbesuch oder die Freizeitgestaltung draußen bei den anderen Kindern und Jugendlichen vorübergehend meiden zu können.

Gesundheitliche Folgen

Zur Verdeutlichung noch einmal ein Fallbeispiel. Schauen wir, wie es Maria weiter ergangen ist:

Mit Eintritt in die achte Klasse verschärfte sich die Situation für Maria in der Schule.

Fallbeispiel

Die verbalen und auch körperlichen Angriffe durch ihre Mitschülerinnen häuften sich zunehmend. Körperlich wirkte sie fülliger, was ihre Mitschüler dazu veranlasste, sie als ihr „Klassendickerchen" zu bezeichnen. Sie ließen keine Gelegenheit aus, um Maria zu verstehen zu geben, dass sie dick und unansehnlich sei. Dabei war Maria gar nicht unverhältnismäßig dick. Die meisten anderen Mitschüler aber schlossen sich den Hänseleien und Beleidigungen an, lachten sie aus und zeigten auf sie. Maria war in dieser Zeit sehr häufig allein auf dem Pausenhof. Sie versuchte, sich in den Pausen vor dem Zugriff ihrer Mitschüler zu schützen.

Es war ihr kaum noch möglich, zu sich selbst zu stehen. Maria fühlte sich unansehnlich und ausgestoßen. Mit den meisten Schülern ihrer Klasse hatte sie kaum noch normalen Umgang. Nur einige wenige Mädchen und Jungen aus ihrer Klasse traf sie gelegentlich auch außerhalb der Schule. Doch diese wollten oder konnten sie in dieser Zeit nicht gegenüber den anderen Mitschülern unterstützen. Sie selbst fand keinen Ausweg, sich gegen die ständigen Rempeleien zu wehren. Wegen der ständigen Störungen war Maria nicht mehr in der Lage, sich dem Unterricht so zu widmen, wie es nötig gewesen wäre. Langsam und beständig sanken ihre Leistungen in den einzelnen Fächern. Ebenso wenig war sie imstande, sich wegen der andauernden Vorfälle an ihre Eltern zu wenden. Sie hatte es zwar nochmals zu Beginn der neunten Klasse versucht, doch war sie damit bei ihren Eltern nicht angekommen. Die Eltern führten die schlechter werdenden Noten auf den Niveauanstieg der Klassen zurück und machten sich weiterhin keine Sorgen.

Fatale Rolle der Mitläufer Nicht nur die bekannten Täterinnen beteiligen sich aktiv an den Übergriffen, sondern auch vermehrt andere Mitschüler. Maria wurde durch die verbalen und körperlichen Angriffe in ihrer Persönlichkeit stark beschnitten. Sie konnte sich in der Schule nicht mehr frei entfalten und bewegen. Die Attacken führten zu einer massiven Einschüchterung, die sich tief in ihr festsetzte. Maria konnte sich nicht darauf konzentrieren, was in der Schule zu lernen und leisten wichtig war. Sie wurde psychisch und physisch terrorisiert und in ihrer Entwicklung massiv behindert. Dass sie einige Kilogramm zunahm, lässt sich

eindeutig mit ihrem Kummer erklären. Die übrigen Mitschülerinnen waren ihr keine Hilfe. Sie trafen sich teilweise zwar mit
ihr in der Freizeit, doch in der Schule war niemand bereit, einmal Partei für sie zu ergreifen. Maria gelangte zu der Feststellung, dass „Freundschaft" wohl auch nur eine hohle Floskel
sei. Denn was sind denn Freunde wert, wenn sie sich nicht für
einen einsetzen? Maria sah sich der Tatsache gegenüber, dass
sie nicht nur ihre weitere körperliche und persönliche Entwicklung ohne Hilfe bewältigen musste, sondern dass sie
auch die Verletzungen durch ihre Mitschülerinnen alleine auszuhalten und zu verarbeiten hatte. Es war ihr in der Folge unmöglich, eine normale Kommunikation zu ihrer Umwelt aufzu-
nehmen, da sich ihr weder geeignete Gelegenheit boten noch
sie selber über das nötige eigene Zutrauen verfügte.

Erniedrigung durch passive Mitschüler

Seien Sie Ihrem Kind in einer so schwierigen Zeit Freund,
Freundin, Vertraute, die es in der Schule oder auch in der Freizeit nicht hat. Vermitteln Sie Ihrem Kind, dass Freundschaft
sehr wohl ein hohes Gut ist. Zeigen Sie ihm, dass wahre
Freunde zusammenhalten und sich in Notsituationen gegen-
seitig helfen.
Achten Sie auf Signale wie etwa die stetige Verschlechterung
der Leistungen Ihres Kindes in der Schule. Sicher kann es mit
dem Ansteigen schulischer Anforderungen in den höheren
Klassen zu tun haben. Doch in der Regel steigert auch das
Kind sein Niveau und wächst mit den Schulanforderungen
auch in seinen Leistungen. Sprechen Sie Ihr Kind gezielt und
immer wieder darauf an, was seiner Meinung nach die sin-
kenden Leistungen verursachen könnte. Hören Sie aufmerk-

■ **Elterntipp**

sam zu und haken Sie nach, wenn Ihnen die Antwort nicht stichhaltig erscheint. Wird Ihr Kind im Unterricht abgelenkt oder gestört? Kreisen seine Gedanken fortwährend darum, was ihm andere Schüler wieder antun könnten? Traut es sich nicht, bei Unklarheiten nachzufragen? Wenn Sie mit Ihrem Kind die Ursachen erforschen, dann können Sie mit ihm auch das weitere Vorgehen absprechen. Entscheiden Sie auf keinen Fall ohne die Zustimmung Ihres Kindes über das weitere Vorgehen.

Vertrauen der Eltern auch in der Abnabelungsphase

Es ist ganz natürlich, dass sich ein Kind vom Elternhaus abnabeln und abgrenzen will. Es will selbstständig sein und eigenständig entscheiden und handeln. Wenn Sie alleine über das weitere Vorgehen entscheiden, werden Sie das Vertrauen Ihres Kindes verlieren. Es wird sich dann sicherlich nicht noch einmal Ihnen gegenüber über Schwierigkeiten in der Schule oder über andere persönliche Probleme äußern.

Nicht von ungefähr erlebe ich es oft in meiner Arbeit, dass Mädchen und Jungen mir ihre alltäglichen, kleinen und großen Probleme anvertrauen, aber mit ihren Eltern nicht darüber sprechen können, weil sie entweder kein Verständnis erwarten oder ein Zuviel an Einmischung befürchten.

Sie sollten mit Einverständnis Ihrer Tochter oder Ihres Sohnes auf jeden Fall auch mit den wichtigsten Lehrern sprechen. Es ist hilfreich, deren Einschätzung der Situation zu erfahren. Sollten die Lehrer gar nichts von der Situation mitbekommen haben – was jedoch unwahrscheinlich ist –, werden sie wenigstens jetzt wachgerüttelt. Sicher wird es mehrerer Anläufe bedürfen, bis Sie von den Lehrern wirklich detaillierte Auskünfte erhalten. Sprechen Sie nach Möglichkeit auch mit den Lehrern das weitere Vorgehen ab. Vereinbaren Sie möglichst verbindlich, wie die Lehrer in Zukunft mit Mobbingsituationen umgehen.

Behutsames Vorgehen einfordern

Berücksichtigen Sie bei diesem Vorgehen aber immer, dass sich Ihr Kind durch das Einschalten des Lehrers nicht zusätzlich gedemütigt fühlen darf. Auch behutsames Verhalten des Lehrers ist sehr wichtig. Er darf den anderen Schülern nicht den Eindruck vermitteln, dass Ihr Kind die Mobber „verpfiffen" hat und nun eine „Sonderbehandlung" genießt. Weisen Sie in Ihren Gesprächen mit Lehrern möglichst oft auf diese Zusammenhänge hin.

Sie unterstützen Ihr Kind zusätzlich besonders gut, wenn Sie ihm Alternativen zur bisherigen Freizeitgestaltung anbieten. Wenn Sie erreichen, dass Ihr Kind sich in Gesellschaft anderer Gleichaltriger befindet, dann kann es ein neues Gefühl für Freundschaft und Umgang unter Altersgenossen entwickeln.

Anhaltende Störung der Kommunikationsfähigkeit

Wie die Fallbeispielen zeigen, beeinflusst das ständige Gemobbtwerden in mehrfacher Hinsicht die Fähigkeiten der betroffenen Kinder und Jugendlichen, sich angemessen mitzuteilen. Die Kommunikation mit gleichaltrigen Mädchen und Jungen ist für das Opfer nicht mehr unbeschwert und ungehindert möglich. Die mobbenden Gleichaltrigen fallen als Gesprächspartner völlig aus, bei den anderen Mädchen und Jungen kommt es auf deren Verhalten an. Viele Mobbingopfer haben zudem das Problem, dass sie häufig nicht mehr frei und unbefangen mit Erwachsenen kommunizieren können.

Die Lehrer in der Schule sind nicht unbedingt die Personen, denen man private Belange anvertraut. Und in der Freizeit sind meist die Eltern Gesprächspartner, die aber, wie wir gesehen haben, nicht immer zwanglos auf alles angesprochen werden können. Wenn das Kind bereits von Mobbing betroffen ist, schämt es sich vielleicht, das zuzugeben. Es kann womöglich auch deshalb nicht mit den Eltern kommunizieren, weil es fürchtet, deren Erwartungen zu enttäuschen. All diese Umstände im Zusammenhang mit Mobbing können zu anhaltenden Störungen führen. Mindern und verhindern können Sie solche Störungen nur, wenn Sie mit Ihrem Kind in jeder Entwicklungsphase vertrauensvoll reden und sich immer gesprächsbereit zeigen.

Scham und Verunsicherung bei den Opfern

Schwierigkeiten beim Aufbau von Beziehungen

Als Folge der ständigen Auseinandersetzungen mit seinem Peiniger zieht sich ein Kind immer mehr in sich zurück. Durch diese prägenden Erfahrungen kommt es dazu, dass auf lange Sicht der Aufbau von Beziehungen überhaupt problematisch wird. Ein Kind, das in der Schule fortwährend psychischen und physischen Verletzungen durch einen Mitschüler ausgesetzt ist, hat verständlicherweise auch im weiteren Leben Probleme mit der Aufnahme von neuen Kontakten und dem Aufbau von Beziehungen. Beziehungen basieren im Besonderen auf Vertrauen. Und genau dieses Vertrauen ist dauerhaft beschädigt und kann nur in einem sehr langsamen Prozess wieder hergestellt werden.

Helfen und vorbeugen können Sie, indem Sie Ihrem Kind verdeutlichen, dass es in Ihnen einen Menschen hat, dem es voll und ganz vertrauen kann. Nur so kann es gelingen, Ihr Kind wieder an Vertrauen und freundschaftliche Beziehungen heranzuführen. Bei solchen Kontaktaufnahmen können Sie sogar behutsam nachhelfen, zum Beispiel wenn Sie mit der Familie von Bekannten, die Kinder im passenden Alter haben, ab und zu einen gemeinsamen Ausflug unternehmen und sehen, ob sich die Kinder etwas zu sagen haben.

Wenn dem Alter entsprechende Aufgaben nicht bewältigt werden

Mädchen und Jungen müssen eine Vielzahl von unterschiedlichen Entwicklungsaufgaben bewältigen. Dazu benötigen sie Unterstützung durch die Eltern.

Durch das Mobbing anderer Kinder und Jugendlicher wird Ihr Kind in seinen Möglichkeiten eingeschränkt. Es ist unter Umständen nicht mehr in der Lage, alle seine Entwicklungsaufgaben so gut wie nötig zu lösen. Die unbefriedigende und ständig behinderte Entwicklung kann sich negativ auf die weitere Persönlichkeitsentwicklung bis hinein ins Erwachsenenalter auswirken.

Entwicklung im Jugendalter als Lebensprägung

Sollten Sie von solchen Vorkommnissen erfahren, dann bewahren Sie Ruhe. Verurteilen Sie nicht vorschnell das Han-

☐ **Info**

deln Ihres Kindes. Ein Urteil ist erst angebracht, wenn Sie den gesamten Hintergrund kennen gelernt haben. Möglicherweise werden Sie einige böse Überraschungen erleben. Denn sollte Ihnen die wirkliche Situation Ihres Kindes lange verborgen geblieben sein, haben Sie eine beträchtliche Anzahl an Gesprächen nachzuholen und zahlreiche Informationen zu verarbeiten. Womöglich wendet sich Ihr Kind gar nicht mehr an Sie. Vielleicht haben Sie viele Jahre geglaubt, Ihr Kind befinde sich im sicheren Bereich des Selbstwertgefühls, und dabei ist es zu einer großen Distanz zwischen Ihrem Kind und Ihnen gekommen. Dann ist ein unglaublich hohes Maß an *Geduld als* Geduld von Ihrer Seite erforderlich. Neben dem immer wieder *oberstes Gebot* zu signalisierenden Willen, gesprächsbereit zu sein, müssen Sie als Eltern abwarten können. Ihr Kind wird vielleicht einfach erst einmal seine Ruhe haben wollen, bevor es sich auf eine Kommunikation mit Ihnen einlässt. Sie erweisen sich und Ihrem Kind einen großen Dienst, wenn Sie eben jene Kraft aufbringen, die Situation auszuhalten.

Andauernde gesundheitliche Probleme

Mobbingopfer sind extremem Stress ausgesetzt. Diese ständigen Stressbelastungen auszuhalten, ist für Kinder psychisch und physisch sehr anstrengend. Gesundheitliche Spätfolgen lassen sich nicht ausschließen.
Am besten schützen Sie Ihr Kind natürlich, wenn Sie versuchen, es aus der schwierigen Opferrolle zu befreien. So können Sie aktuellen gesundheitlichen Beeinträchtigungen ent-

gegenwirken und gleichzeitig den dauerhaften gesundheitlichen Problemen vorbeugen. Wenn Sie dabei Rat und Hilfe benötigen, sprechen Sie vertrauensvoll mit dem Hausarzt oder der Familienärztin. Die kennen Ihr Kind vielleicht schon von klein auf. Überängstlichkeit ist sicher nicht angebracht, wohl aber wache Aufmerksamkeit.

Zu guter Letzt: ein Appell an die Eltern

Seien Sie im Umgang mit Ihren Kindern immer aufmerksam – im besonderen Maße, wenn es um das Thema Mobbing unter Kindern und Jugendlichen geht, aber natürlich auch bei anderen Problemen, Sorgen, Ängsten und Nöten. Denken Sie daran, wie vielen Bedrohungen Kinder heutzutage ausgesetzt sind, beispielsweise durch Gewalt oder Drogen. Aufmerksamkeit und Wachsamkeit und sensible Aufgeschlossenheit sind gefragt, nicht jedoch übervorsichtige, überängstliche Kontrolle. Finden Sie den goldenen Mittelweg, vertrauen Sie Ihrem Kind und zeigen Sie ihm, dass Sie zu ihm stehen! Bestärken Sie Ihr Kind, indem Sie mit ihm besprechen, in welchen Situationen es sich bedroht oder ängstlich fühlt. Zeigen Sie Ihrem Kind, dass es, egal wie alt es ist, eine eigene Persönlichkeit hat. Jeder Mensch hat das Recht auf Schutz vor Grenzüberschreitungen durch Dritte. Dieser Umgang mit Ihrem Kind gelingt nicht immer auf Anhieb, stellen Sie sich auf Üben ein. Auf der Sprachebene kann das etwa das Einüben von abwehrenden, zurückweisenden Sätzen sein wie „Lass mich in Ruhe, ich will das nicht" oder auch „Wer gibt dir das

Rückendeckung durch die Anteilnahme der Eltern

Recht, mich ständig so zu beleidigen". Dabei kann Ihr Kind im geschützten Rahmen des Elternhauses lernen, wie es eine souveräne (und damit öffentlichkeitswirksame) Stimmlage erzielt. Es bringt Sicherheit, dies vorab schon geübt zu haben.

Körperliche Abwehr üben Ein weiterer Aspekt ist die körperliche Zurückweisung eines Mobbers: Ihr Kind muss ein Gefühl dafür entwickeln, wie es sich anfühlt, jemanden körperlich zurückzuweisen – ohne den Angreifer direkt zu verletzen – und die Umsetzung vorab einüben. Wo ginge das besser als im Elternhaus und mit Ihrer Unterstützung. Üben Sie ruhig einmal ganz konkret, wie Ihr Kind einen Mobber wegschieben – und damit von sich weisen – kann. Die Selbstsicherheit, die Ihr Kind aus solchen Maßnahmen gewinnen kann, ist entscheidend wichtig, um das Mobbing unter Kindern und Jugendlichen bewältigen zu können.

Wenn sich das Mobbing bei Ihrem Kind im Wohnumfeld oder im Freizeitbereich abspielt, sind Ihre direkten Eingriffsmöglichkeiten häufig stark eingeschränkt. Die Gespräche mit den Eltern des Mobbers bringen oftmals keine positive Veränderung. Irgendwann stehen Sie womöglich selbst am „Pranger", weil Sie und Ihr Kind – aus Sicht der anderen Eltern und deren Kinder – für ständige Unruhe oder gar Unbehagen sorgen. Lassen Sie sich davon nicht beirren; die Unterstützung und Stärkung Ihres Kindes hat absolute Priorität.

Finden die Übergriffe auf Ihr Kind im Schulkontext statt, können Sie in direkten Gesprächen mit Lehrkräften vor allem situationsverbessernde Maßnahmen einfordern und auf deren Umsetzung dringen. Oftmals fehlt es im Kontext Schule an Gemeinschaftsgefühl unter Kindern und Jugendlichen und auch an der Solidarität mit den Mobbingopfern. Zudem mangelt es vielfach an Kenntnis, wie die Situation von Kindern und Jugendlichen in der Schule überhaupt aussieht. Dabei ist es ganz leicht herauszufinden, wie Kinder und Jugendliche die Klassengemeinschaft und ihren Schulbesuch – positiv wie negativ – einschätzen. Darüber hinaus gilt es festzustellen, ob Mobbing, Gewalt oder Aggressionen nach Einschätzung der Schüler ein Thema an der jeweiligen Schule sind und ob sie selbst entsprechende Erfahrungen machen mussten. Solche situationsverbessernde Maßnahmen können zum Beispiel sein:

- Aufstellung klarer Regeln gegen Gewalt und für ein positives Miteinander in der Schulklasse,
- Gründung eines Klassenteams mit drei bis fünf Schülern als zentrale Ansprechpartner für die Mitschüler und Lehrkräfte,
- Einführung regelmäßiger Klassengespräche,
- pädagogische Tage für Schüler und Lehrkräfte zur Sensibilisierung gegenüber dem Thema Mobbing,
- Bildung eines Aktionsteams zum Thema aus Lehrkräften, Eltern und Schülern,
- Fragebogenaktionen in den einzelnen Schulklassen oder der gesamten Schule mit dem Focus auf Gemeinschaftsgefühl, Schulbesuch und Auftreten von Mobbing, Gewalt oder Aggression.

Situationsverbessernde Maßnahmen

Vielfach haben Lehrkräfte schon von solchen Maßnahmen gehört, doch oftmals finden sie keine Anwendung. Es liegt an Ihnen als Eltern, die Umsetzung solcher Maßnahmen einzufordern. Sichern Sie sich dazu auch die Unterstützung anderer Eltern, der Elternbeiräte an der Schule sowie von Vertrauenslehrern, Schulpsychologen oder außenstehenden Beratungseinrichtungen.

Dem Kind stets mit „offenem Herzen" begegnen

Trauen Sie vor allem immer Ihrem Kind etwas zu. Ihr Kind soll sich entfalten und entwickeln können. Seien Sie bereit für eine offene Auseinandersetzung mit Ihrem Kind und seinem Lebensumfeld. Denken Sie stets daran, dass die Familie immer noch ein zentraler Lern- und Lebensort für Mädchen und Jungen ist. Seien Sie mutig im Umgang mit Ihrem Kind und stehen Sie zu Ihren Entscheidungen. Es ist besser, wenn Ihr Kind Grenzen und Regeln durch Sie kennen lernt als durch Fremde. Seien Sie tolerant, was die Entwicklung Ihres Kindes betrifft. Ihr Kind soll in erster Linie seinen eigenen Fähigkeiten entsprechen und nicht Ihren Erwartungen. Und nochmals: Machen Sie Ihr Kind niemals zum Außenseiter!

Weitere Unterstützung

Ein zentrales Angebot im Internet finden Sie unter www.mob-binginfo.com. Der Autor dieses Ratgebers baut hier kontinuierlich ein Netz an Informations- und Unterstützungsorganisationen auf. Zudem können Sie hier auch mit dem Autor Kontakt aufnehmen.

Deutschland

Die örtlichen Jugend- und Schulämter auf Stadt- und Kreisebene verfügen in vielen Fällen über einen Ansprechpartner, der Rat gibt und weiterführende Informationen geben und Institutionen nennen kann.

An den Schulen wenden Sie sich direkt an den jeweiligen Vertrauenslehrer als Ansprechpartner. Zudem können Schulen zusätzliche Beratungsangebote von außen vermitteln. Detaillierte Informationen erhalten Sie in der Schule Ihrer Kinder vor Ort.

Viele Kirchen, Gewerkschaften und Sozialverbände bieten ebenfalls Unterstützung an. Genauere Informationen erhalten Sie bei den jeweiligen Institutionen in Ihrer Nähe. Sie erteilen auch Auskünfte über Einrichtungen in der Jugendarbeit und darüber, welche Präventionsangebote dort zur Verfügung stehen.

Die Aktion Humane Schule (AHS) ist ebenfalls eine wichtige Anlaufstelle.

In der Zentralen Stelle des Bundesverbandes, Merheimer Str. 484, 50537 Köln, oder unter www.ahs.uni-osnabrueck.de erhalten Sie Auskunft über regionale Kontaktadressen.

Ein regionales Angebot in München können Sie ebenfalls zur Information und Unterstützung nutzen: Das Jugendinformationszentrum München bietet regelmäßig Beratung für betroffene Kinder und Jugendliche sowie deren Eltern an. Ausführliche Informationen erhalten Sie beim Jugendinformationszentrum München, Paul-Heyse-Straße 22, 80336 München, Telefon: 00 49/89/51 41 06 60 oder unter www.jiz-muenchen.de.

Österreich und Schweiz

Auch in Österreich und in der Schweiz stehen unterschiedliche Beratungsmöglichkeiten zur Verfügung. Ebenso wie in Deutschland sind in den örtlichen Jugend- und Schulverwaltungen differenzierte Informationen über Beratungsangebote vor Ort erhältlich. In den weiterführenden Schulen sind Vertrauenslehrer zuständig, mit denen Sie Kontakt aufnehmen können. In den Schulen erfahren Sie Näheres zu Kooperationen mit Trägern der Jugendhilfe, die Unterstützung für Sie und Ihre Kinder anbieten.

Auch in Österreich und der Schweiz bieten Kirchen, Gewerkschaften und Verbände in den Ballungsgebieten weiterführende Hilfen und Informationen. Wegen weiterer Materialien und Informationen können Sie sich natürlich auch an die deutschen Kontaktadressen wenden.

Literatur

Zum Thema Kindermobbing gibt es bisher keine empfehlenswerten Buchtitel. Die Buchempfehlungen hier beziehen sich auf Mobbing im Allgemeinen und Mobbing unter Schülern.

Mobbing im Allgemeinen

Brinkmann, Ralf D.: Mobbing, Bullying, Bossing. Verlag Sauer, Heidelberg 1995

Esser, Axel/Martin Wolmerath: Mobbing. Der Ratgeber für Betroffene und deren Interessensvertretung. 5. Auflage. Bund-Verlag, Frankfurt/Main 2003

Kasper, Horst: Mobbing in der Schule. AOL, Lichtenau und Beltz, Weinheim und Basel 1998

Leymann, Heinz: Mobbing – Psychoterror am Arbeitsplatz und wie man sich dagegen wehren kann. Rowohlt, Reinbek 1993

Leymann, Heinz (Hrsg.): Der neue Mobbing-Bericht. Rowohlt, Reinbek 1995

Mobbing unter Schülern

Dambach, Karl E.: Mobbing in der Schulklasse. 2. Auflage. Ernst Reinhardt Verlag, München 2002

Jefferys, Karin/Noack, Ute: Streiten – Vermitteln – Lösen. AOL, Lichtenau 1995

Kasper, Horst: Schule ohne Schikane. AOL, Lichtenau 1998

Olweus, Dan: Gewalt in der Schule. 2. Auflage. Verlag Hans Huber, Bern 1996